歴史文化ライブラリー

576

江戸に向かう公家たち

みやこと幕府の仲介者

田中暁龍

吉川弘文館

目　次

都を離れる――プロローグ

冒頭から個人的なお話で恐縮だが、筆者は四十代前半、東京の離島での単身赴任を経験している。筆者が公立高校の教員であった頃、年明けの内示を受けて、二〇〇三〜〇五年度の三年間、東京から約百七十八キロ離れた神《こう》津《づ》島《しま》の高校に赴任した。港を眺める丘の上に設置された高校は、当時、全校生徒七十余名で各学年一クラスずつの規模であった。

離島赴任と異文化交流

神津島まではジェット船が就航しており、これに乗船すれば、三時間半の船旅で着岸することが可能だが、冬または春の季節風の強い時期は、通常の定期船に乗り込むことが多かった。夜十時に竹芝桟橋から出航する大型客船は、翌朝十時に神津島へ着く。夜中は一時的に東京湾で停泊して出発するが、これは大島にちょうど朝方に着く運行をとっているからである。

四月の赴任時には、港の桟橋で教職員による横断幕を掲げた歓迎を受け、その日に村役場に出向いて転入届を提出するとともに、村民証明書をいただいた。三年間の単身赴任は、大自然の荒海の中で生活する人々の営みや、様々な慣行や神事などを今に受け継ぐ地域の習俗・信仰など異文化に触れ、また島嶼《とうしょ》地域の教育を考える貴重な機会となった。

異動または移動によって他地域の人々と語り合い、その土地の風土や文化に触れることによって新たな認識を得、様々な異文化との交流の機会となることを身をもって理解できた。

公家の地方下向

書き出しから横道にそれたが、本題は公家のお話である。公家といえば、京都の内裏《だいり》近辺に居住し、雅な生活を営んでいたことを想像する読者は多いと思うが、公家にとって東国へ旅に出ることは、前近代社会において、相当な緊張感と旅の安全や健康への不安を考慮せざるを得ないものであったと想像される。いつの時代でも、宮仕えをする限りは、個人の意思とは別に、出張や単身赴任が求められることがある。

今から五百五十年以上も前になるが、戦国の世になると、多くの公家が荒廃した京を離れて地方に下り、異なる環境、異文化に触れることになった。公家たちの多くは、各自が地方にもつ所領に在国した。

応仁元年（一四六七）、戦乱が勃発すると、才識兼備の誉れのあった一条兼良《いちじょうかねよし》は都を離れ、大和《やまと》国の興福寺大乗院の息尋尊《じんそん》のもとを頼って疎開した。一条家は、五摂家《ごせっけ》（近衛《このえ》・九条《くじょう》・二条《にじょう》・一条・鷹司《たかつかさ》）の一つで、公家の家格では最も高い家として、摂政・関白に進む家であった。その後、文明五年（一四七三）、美濃《みの》国守護代の斎藤妙椿《さいとうみょうちん》のもとを訪問し、和歌などの文芸を通じて交流をもった。

その後、越前《えちぜん》国に足羽御厨《あすわのみくりや》（現在の福井市）に家領《けりょう》をもっていたこともあり、文明十一年、兼良は越前国の朝倉孝景《あさくらたかかげ》のもとを訪れ、経済的な困窮を抱えるなか、年貢が滞っている状況を打開しようと荘園領主として金策に動いた。八十歳に近い兼良にとっては、おそらく苦労の多い旅であったと思われる。

兼良のような摂関家に比べると家格が劣る冷泉為広《れいぜいためひろ》は、各地の大名のもとを訪れた。為広は、十一代将軍足利義澄《あしかがよしずみ》が都を追われ、細川政元《ほそかわまさもと》が暗殺されると、永正五年（一五〇八）近江《おうみ》国に逃亡し、その後、能登《のと》国の畠山義総《はたけやまよしふさ》のもとを訪れ、『後撰和歌集』の補完をおこなうほか、和歌会や連歌会を催し、さらには播磨《はりま》国の赤松義村《あかまつよしむら》のもとを訪れ、多くの赤松氏家来に和歌の指導をした。このように公家が地方に下向することによって直接に文芸の指南・伝授がなされたため、地域文化の振興に資することになった。

先行研究によれば、十六世紀初め、禁裏小番《きんりこばん》（交代で禁裏御所に伺候《しこう》する勤番）を務めた公家のうち、一四・六％が地方下向者で、そのうち八・三％が自分の領地にいる在国者であったという。そして在国者のうち、摂家を含めて上級公家は一時的、短期的に在国しているのに対して、中・下級の公家衆は、不知行化を免れた唯一の家領に長期間、在国して維持しようとしたことが明らかにされている（菅原正子『中世公家の経済と文化』）。

戦国公家大名

戦国期には、公家が地方に下向し、地域支配をおこなう戦国公家大名もいた。北畠《きたばたけ》氏や土佐《とさ》一条氏、飛騨《ひだ》姉小路《あねがこうじ》氏など、領国支配をおこなった公家の存在も多くの書物で紹介されている。

一条兼良の嫡子教房《のりふさ》は、応仁元年（一四六七）に実弟尋尊のいる興福寺大乗院を頼って避難し、翌年に家領の土佐国幡多庄《はたのしょう》（現在の高知県四万十《しまんと》市ほか）に下向し、そののち文明十二年（一四八〇）に五十八歳で死去した。そして、教房の三男房家《ふさいえ》が土着することで、子孫が土佐一条家となった。

教房の後、房冬《ふさふゆ》・房基《ふさもと》・兼定《かねさだ》と受け継がれ、在地領主から戦国大名の道をたどり、南《みなみ》伊予《いよ》（現在の愛媛県南部）へ侵攻するなど、土佐国の半分を支配するまでに成長した。

飛騨の国司であった姉小路氏は、のちに古川《ふるかわ》・小島《こじま》・向《むかい》の三家に分かれ、十五世紀初頭、守護を務めていた京極《きょうごく》氏と対峙し、飛騨南部へと侵攻した。そして京極氏の家来で

図１　一條神社（高知県四万十市中村本町）　土佐一条氏の祖先神と一族を祀る.

あった三木《みつき》氏は三家のうち古川家を滅ぼして、のちに姉小路の名跡《みょうせき》を継承した。しかし、のちに羽柴秀吉《はしばひでよし》の飛騨征略の命を受けた金森長近《かねもりながちか》に攻められて降伏し、姉小路氏はその後、勢力を失った。

戦国大名に嫁いだ公家女性

このほか、戦国大名に嫁いだ公家の娘もいた。今川氏親《いまがわうじちか》に嫁いだのは、中御門宣胤《なかみかどのぶたね》の娘寿桂尼《じゅけいに》（氏親の正妻時は南殿《みなみどの》などと称された）である。氏親の家督は息氏輝《うじてる》が嗣いだが、その後若くして氏輝が亡くなると、その弟義元《よしもと》が嗣ぎ、義元は、永禄三年（一五六〇）の桶狭間《おけはざま》の戦いで織田信長《おだのぶなが》に敗れたことは読者もよくご存知かと思う。

寿桂尼とのつながりを通して、宣胤は今川家に「太平記抜書」や「枕草子」を書写して贈ったということで、地方文化にも影響を与えた。一つ注目しておきたいことは、寿桂尼が発給した文書がいくつか残っており、氏親の死の直前頃から、政治に関与したと思われることである。

寿桂尼は、大永六年（一五二六）に氏親が没した後、未だ年少の嫡男氏輝を支える存在となり、臨時的に当主の代行を務めていた。家臣に対する所領の宛行《あてがい》や軍事行動に関わる発給文書は残されていないが、当主が政務をおこなえない状況においては、寿桂尼が当主を代行する役割を果たした。その後、自らが開基した龍雲寺《りゅううんじ》（静岡県静岡市葵区）で没し、埋葬された。

また、武田信玄《たけだしんげん》も三条公頼《さんじょうきんより》の娘を正室として娶《めと》った。『甲陽軍鑑《こうようぐんかん》』によれば、天文五年（一五三六）のことで、駿河《するが》国の今川義元の斡旋《あっせん》があったとされている。三条家は清華《せいが》家の一つで、摂関家に次ぐ家格であった。この三条の方には、自身の所領を保持しているとともに、「御料人様衆」として、武田家から三十騎を付けられたことに加え、同朋衆《どうぼうしゅう》も付けられるなど、厚遇されたという。しかし晩年には、長男義信《よしのぶ》が父信玄の暗殺を企てたとして幽閉され、そのまま没するなど、子息の行く末は必ずしも幸せな日々が続かなかった。

摂家父子の出奔・配流

摂家の筆頭である近衛家に生まれた近衛前久《さきひさ》は、上洛した長尾景虎《ながおかげとら》（上杉《うえすぎ》謙信《けんしん》）と交流があり、永禄二年（一五五九）互いに誓紙血判《せいしけっぱん》を取り交わし、翌年、関白の身にありながら、聖護院道澄《しょうごいんどうちょう》や西洞院時秀《にしのとういんときひで》らをともない、春日山《かすがやま》城下の越府《えつふ》へ下向した。前久の誓紙には、「今度《このたび》（景虎）長尾一筋に頼み入り、遠国へ下向の事、聊《いささか》も偽《いつわり》にあらず候事」(『本願寺文書』)と記されていた。

翌永禄四年、景虎が関東に出陣すると、前久は上野《こうずけ》に赴くほか、謙信の帰陣には同道せず、古河公方《こがくぼう》の本拠地、下総《しもうさ》古河城に半年滞在した。前久は花押《かおう》を公家様式から武家様式に変えたといわれ、古河入城にあたり、謙信の関東における勢力拡大に期待した。しかしその後、謙信は、北条《ほうじょう》方の攻勢もあって関東平定が進捗せず、前久を古河城から移して越後《えちご》へ帰陣し、前久は間もなく従者を連れて越後を離れ、帰京した。

前久は、その後も流浪の日々を送ることとなり、永禄十一年、将軍足利義昭《よしあき》との確執で京都を出奔し、摂津《せっつ》石山本願寺などに身を寄せ、家督を幼い次男信尹《のぶただ》に嗣がせる旨、正親《おおぎ》町《まち》天皇から義昭への取りなしを依頼したが、義昭の許可が得られず、関白職も罷免《ひめん》された。その後、前久は大坂から河内若江《かわちわかえ》、紀伊由良《きいゆら》、備後鞆《びんごとも》へと移り、天正三年(一五七五)に織田信長の取りなしで帰洛した。

前久と信長とは、互いに馬や鷹、鷹狩りの獲物の贈答などを介して親交を深めたが、中でも信長を悩ました石山戦争では、正親町天皇による勅命講和において、前久が信長と本願寺との実質的な仲介の役目を果たした。顕如《けんにょ》の子教如《きょうにょ》が前久の猶子《ゆうし》となっていた関係もあり、顕如の石山退去に続いて、籠城《ろうじょう》派の教如も石山を退去し、十一年に及ぶ石山戦争に終止符をうった。

図２　近衛屋敷跡（鹿児島県南さつま市坊津町）

文禄三年（一五九四）四月、豊臣秀吉によって前久の息信尹が薩摩《さつま》の港町、坊津《ぼうのつ》に配流《はいる》されることになった。従者四、五人ほどを従え、二年余りの隠《いん》遁《とん》生活となった。坊津に配流されたのは、もともと近衛家の荘園がこの地に所在していたからである。

信尹は、後陽成《ごようぜい》天皇や秀吉の制止を無視して、二度にわたり肥前名護屋《ひぜんなごや》に下向したほか、慶長十二年（一六〇七）には江戸にやって来ている。信尹は父前久と同様に、武家指向が強かったと思われ、戦国の激動の時代を生きた近衛父子は、ともに京都を離れ地方に居住し、多彩な交流をおこなったのである。

以上のように、戦国期の公家は京都の内裏周辺で活動する以外にも様々な舞台があり、そのネットワークは多様な結びつきをもっていた。その後、江戸幕府に対して社会的・経済的な依存を続けた公家たちは、江戸に下向をして公式の儀礼に臨むことになったり、時には文芸を通じて多彩な文化交流をおこなっており、また婚姻関係を通じて縁戚としての交流をもっていた。

『江戸に向かう公家たち』を読むにあたって

本書では、江戸時代の公家が様々な事情で江戸に下り、武家や町人または周縁の人々と互いに多様な交流の機会をもったが、そうした多彩な交流の意味を考え、江戸時代の公家についての多様な認識を読者に提供してみたい。そして、都市「江戸」に対する読者の認識を少しでも豊かなものにし、さらには江戸時代の社会の諸相、人と人との多彩な交流の実相を考えてみたいと思う。

なお本書は、江戸時代の天皇・朝廷または公家社会に対する認識が深まってきている今日、一般向けの教養書として発刊する意義を感じて筆を執った。執筆にあたっては、これまでの多くの研究成果に基づいて叙述しており、そうした先業の恩恵に依ることを、あらかじめお断りしておきたい。

史料引用にあたっては、読者の理解を促すことを第一にし、読み下し文や現代語訳を用い、原文の雰囲気を伝える必要のある史料のみは原文を引用することとした。史料の出典は史料名のみを記し、所蔵先などは巻末に掲示したので、参照いただきたい。

なお、当時の史料では、公家側が江戸に赴く場合、「下向」の文字を用いて記すが、武家側からすると、公家の「参向」と表記されている。本書では、公家の行動を主体に考えることから、「下向」に統一して記述した。

将軍を訪ねる

江戸に下向する時

江戸下向のラッシュ

元和二年（一六一六）八月下旬、徳川家康《とくがわいえやす》に「東照大権現《とうしょうだいごんげん》」の神号を勅許《ちょっきょ》する勅使《ちょくし》下向にともなって、二十数名に及ぶ公家が同行するという事態が起こった。当時の公家は、番を組んで御所の警固に当たる禁裏小番《きんりこばん》が天皇または公儀への役儀となっていたので、多人数の下向となれば、こうした番に支障が生じることとなり、不審を抱いた後水尾《ごみずのお》天皇は公家らに下向理由を問いただした。

装束《しょうぞく》・衣紋《えもん》を家業にしている公家の一人山科言緒《やましなときお》は、自己の日記（『言緒卿記』下）の中で下向理由について「自分が江戸へ下向するのは、将軍代替りの御礼であり、ことに将軍家とは昵近《じっきん》なので、代替りの御礼を申し上げたいと考えている。そのうえ、将軍の装束を仰せ付けられていることや、特に新しく知行を宛行《あてが》われたこともあって下向を願っている」と記している。

山科言緒は、将軍に昵近する家（後述する昵近衆と呼ばれる集団の一人）であり、将軍代替りの御礼・祝儀を申し上げたいこと、将軍秀忠《ひでただ》の装束の役を命ぜられていること、新しい知行を給されたことという、三点を下向理由に挙げていた。

このように、勅使のような朝廷の公式使節として江戸に下向する以外に、昵近衆または将軍への役儀を果たす理由のほか、将軍から新しく知行を与えられた御礼などを理由として、江戸下向を主張する公家の存在があった。

代替わりの領知判物・朱印状

一口に公家とはいっても、堂上《とうしょう》と地下《じげ》とに大別され、堂上の家格としては、摂家《せっけ》（近衛《このえ》・九条《くじょう》・二条《にじょう》・一条《いちじょう》・鷹司《たかつかさ》）五家、清華《せいが》家（三《さん》条《じょう》・西園寺《さいおんじ》・徳大寺《とくだいじ》・久我《こが》・花山院《かざんいん》・大炊御門《おおいみかど》・今出川《いまでがわ》の七家に広幡《ひろはた》・醍醐《だいご》の両家が加わる）九家、大臣《だいじん》家（正親町三条《おおぎまちさんじょう》・中院《なかのいん》・三条西《さんじょうにし》）三家、羽林《うりん》家六十六家、名家《めいか》二十五家、半家《はんけ》二十六家などに分かれていた。

そして近世に入る頃の文禄・慶長期（一五九二〜一六一五）以降、新たに分家などで成立した家を新家《しんけ》として、それまでの旧家と分けられていた。新家が設立されたのは、江戸前・中期が中心であり、享保期（一七一六〜三六）を最後としているが、新家は寛延三年（一七五〇）段階で六十五家が設立され（広幡・醍醐の新設を加えると六十七家）、全体では百三十三家を数えたことから、江戸幕府によって、公家の数が倍増した（高埜利彦『近世の朝廷と宗教』）。

徳川家康は、慶長六年（一六〇一）に二親王・五摂家・諸公家七十九名に対して計約三万石の知行地を確定し（「京都諸知行方目録」）、秀忠は、元和三年（一六一七）に諸大名とともに堂上新家などに新地を宛行った（『大日本史料』十二―二十八）。寛永期（一六二四～四四）、加賀《かが》藩前田《まえだ》家に仕えた小瀬甫庵《おぜほあん》が著した「永禄以来事始」には、秀忠の治世下に摂家・親王家・大臣家や諸公家・諸門跡《もんぜき》によるお見舞いの江戸下向が始まったと記されている（嗣永芳照「小瀬甫庵『永禄以来事始』」）。

その後も、歴代将軍（六代家宣《いえのぶ》、七代家継《いえつぐ》、十五代慶喜《よしのぶ》を除く）は代替わりに際して、武家や寺社のほか公家などに対して本領安堵のために朱印状《しゅいんじょう》を発給した。特に、五摂家や宮家、清華家・大臣家、従一位の公家・門跡などに対しては、朱印状より格が高い領知《りょうち》判物《はんもつ》による安堵がおこなわれた。

四代将軍徳川家綱《いえつな》の場合、寛文印知《かんぶんいんち》といって、寛文五年（一六六五）にこうした領知判物や朱印状を一斉に発給し、五摂家をはじめとする諸公家に九十七通、門跡に二十七通が発給された。ただ、この時に家領を与えられなかった公家もおり、そうした公家二十二家の場合、三十石三人扶持《ふち》の小禄の公家であった。

また公家領の中には、堂上の未だ部屋住みで家督を嗣いでいない者が朝廷の官職に就いて出仕する際には、当主に与えられる家領とは別に、方領《かたりよう》という所領が与えられた。幕初においては、家格や官職に応じて五十～二百石ほどが与えられたが、その後、知行取りの家の嫡男で四十石、蔵米取りの新家で二十石とされた（山口和夫『近世日本政治史と朝廷』）。

鬮による下向者の決定

当然ながら、先ほど言及した元和二年（一六一六）の多数の公家たちの江戸下向の申し出は一騒動となった。朝廷内の連絡・調整の取りまとめ役をしていた伝奏《てんそう》は、初めて江戸に下向することは許されるが、たびたび江戸に下向する者は鬮《くじ》で決定するとして、鬮引きで下向する公家衆を決めた。

このことは、昵近衆という将軍との特別な関係だけでなく、江戸下向を希望する公家がことのほか多かったことや、公家が主体的に将軍とのつながりを強く求め、経済的支援を含め自己の存在を必死にアピールしようとしていたことを物語っている。将軍とのつながりを強く求める公家衆の自発的な江戸下向は、三代将軍家光《いえみつ》の時代においては、「秀忠または家光の病を見舞う」を理由に掲げて積極的におこなわれた。

しかし、こうした公家衆の自発的でしかも頻発した江戸下向は、勅使の下向の定例化にともなって、しだいに表向きからは消えていった。つまり、寛永期（一六二四～四四）頃に江戸下向の公家に対する幕府側の儀礼・饗応《きょうおう》の制度化がはかられ、自発的な個々の公家衆の江戸下向は勅使一行の江戸下向に一本化されていった。

寛永七年（一六三〇）十一月二十八日には、上洛した京都所司代《しょしだい》板倉重宗《いたくらしげむね》と息重昌《しげまさ》、金地院崇伝《こんちいんすうでん》が摂政一条昭良《あきよし》と会い、公家下向の際の公武の礼節を定めている。それは、江戸城における饗応の献盃《けんぱい》は、殿上人《てんじょうびと》の場合は多少官位が低くともすべてに与えられることや、清華家以下の家格で、大納言以下の官職の者の盃を将軍が受けることはないこと、返盃を受けるのは摂家、親王およびその長子に限ること、などである（『徳川実紀』二）。

寛永十二年二月、九条道房《みちふさ》が二条康道《やすみち》（道房の兄）のもとを訪れ、ともに江戸へ下向するにあたって挨拶に来ている。前年に将軍家光が上洛の際に康道の息光平《みつひら》（十二歳）が元服加冠《かかん》した際に、家光より「光」の字の偏諱《へんき》を受けていた。今回は、その御礼にと二条父子が揃って江戸に下向することとなり、道房は、幼い光平が江戸に下向するということは言葉にできなく辛いことだが、近年は皆このように老いも若きも江戸に下向しない者は十人に一人もいないと自らの日記（「道房公記」）に記している。

しかし、その道房と父幸家《ゆきいえ》も毎年のように江戸に下り、とうとう道房の弟道基《みちもと》に松殿《まつどの》という断絶していた摂家を再興させることに成功した（正保三年〈一六四六〉に再び断絶）。江戸初期の公家たちにとっては、江戸に下って将軍との結びつきを強め、社会的・経済的な恩恵に預かる点は重要な活動であった。

江戸下向の理由

公家がいかなる場合に江戸に下向していたか、その点を考えるうえで、読者の皆さんが手軽に確認できる江戸時代の基本史料として、十九世紀に編纂された幕府の公式史書『徳川実紀』『続徳川実紀』や、東京大学史料編纂所が編纂する日本史の基礎史料『大日本史料』などがあり、図書館などで閲覧が可能である。これらを繙《ひもと》いてみると、公家の下向理由には、次のようなケースが挙げられていたことがわかる。

①年頭勅使
②将軍宣下《せんげ》や贈官位、神号勅許など
③御礼──将軍の継統、立坊《りつぼう》（立太子《りったいし》）、家領・方領の拝領、官位昇進、新家設立、皇室の法会《ほうえ》、役職就任など
④祝賀──本丸への移徙《いし》、将軍上洛、即位、将軍の病気全快、将軍世嗣《せいし》誕生、新御所遷幸《せんこう》など
⑤歴代将軍の周忌法会
⑥東照宮正遷宮《しょうせんぐう》（日光、東叡山《とうえいざん》、紅葉山《もみじやま》、水戸など）
⑦日光例幣使《れいへいし》

⑧公武間の婚姻
⑨御見舞（将軍の病気や江戸の大火など）
⑩幕命

右のうち①〜⑧は、ほぼ江戸時代を通じて見出すことができ、中でも①の「年頭勅使」が最も定期的な公家の下向理由であった。下向した公家の江戸到着日から公式の行事が定められており、下向した公家たちにより、江戸城において管弦《かんげん》御覧や蹴鞠《けまり》御覧、舞楽《ぶがく》御覧がおこなわれていた（後掲の表3参照）。

そして、時代が下るにつれて、①の「年頭勅使」が他の理由をも兼ねていくようになり、将軍吉宗《よしむね》の時代以降、そのことがいっそう顕著になっていった。一方、⑨の将軍の病気などに対する「御見舞」は、近世初期、それも寛永期（一六二四〜四四）頃までに集中している。

将軍から江戸下向の公家に対する「暇《いとま》の賜物」、例えば武家伝奏《ぶけてんそう》二名の場合、「銀二百枚、綿百把」（大礼時には「銀五百枚、綿三百把」）という額がほぼ一定となるのも寛永後期のことである。加えて、公家下向時の四つの公式儀礼——「引見《いんけん》」「両山（寛永寺・増上寺）参詣」「公卿《くぎょう》饗応」「辞見《じけん》」——が恒例となっていくのも、寛永後期のことである。

すなわち江戸初期、特に寛永期までは、昵近衆を中心とした、公家の自発的な下向が目立ち、将軍の動静に敏感に対応しながら下向する公家の存在が確認される。しかし、寛永期を過ぎると、個々の公家衆の自発的な下向も、年頭勅使をはじめとする朝廷の公式使節に一本化されていき、そうした特色が表面化しなくなっていったのである（拙著『近世の公家社会と幕府』）。

武家伝奏

年頭勅使という公武間の中心的な役割を果たしたのが、武家伝奏と呼ばれる二名の公家であった。武家伝奏は、朝廷と幕府間の意志疎通を図る公家の役職であり、公家社会全体を統括し、官位補任《ぶにん》や人事などに関わり、公家社会の様々な情報が集まるように位置づけられていた。

もともと鎌倉時代に設置された関東申次《もうしつぎ》や、南北朝時代の武家執奏《しっそう》などの役職に前史をもっているが、天皇への披露《ひろう》、朝廷行事の談合など朝廷内の重要な役割をもつ一方、朝廷の意向を勅使または使者として室町幕府はじめ豊臣政権などに連絡し、調整をおこなった公家で、史料上では「伝奏」と記されることが多い。

武家伝奏の新任者は、任命と同時に京都所司代宅に赴き、「伝奏の役儀につき勤仕す、公家・武家御為《おんため》聊《いささ》かも疎略《そりゃく》をもって存ずまじく候《そうろう》」（『広橋兼胤《ひろはしかねたね》公武御用日記』一）などという文言が記された誓紙血判《せいしけっぱん》を所司代へ提出し、まさに朝廷と幕府双方のために任務を遂行した。武家伝奏は広橋兼勝《かねかつ》以降、江戸時代を通じて五十七名を数えた。

なお、幕末期の話になるが、文久二年（一八六二）九月に中山忠能《なかやまただやす》が武家伝奏を仰せ付けられた際、所司代邸で誓紙血判をすることを良しとせず、拝命を辞退したことから問題となり、関白から所司代を通じて老中にこの儀礼を廃するように働きかけられた（『孝明《こうめい》天皇紀』四）。直後に武家伝奏に任命された野宮定功《ののみやさだいさ》の場合、野宮の雑掌《ざつしょう》が所司代邸に向かうが、所労により面会なしということで終わっており、誓紙血判の儀礼が廃されたことが確認できる（「野宮定功公武御用記」）。

江戸初期に「伝奏」の呼称が確認される広橋兼勝については、慶長八年（一六〇三）正月、家康が征夷大将軍《せいいたいしょうぐん》に就任する直前、「内府（内大臣徳川家康）将軍に御《お》なり候《そうら》へとて、広橋勅使に下さるる」（『お湯殿の上の日記』九）と記録され、家康が将軍に就任する際の勅使を務めたことがわかる。そして同年三月二十四日には、「広橋大納言にてんそう仰せつけらるる。忝《かたじ》けなき由申さるる」（『お湯殿の上の日記』九）と記録され、広橋兼勝が伝奏に任命されたことが確認でき、徳川家康の将軍就任と伝奏の任命とが深く関わっていたことがわかる。

その後、広橋兼勝は一人での勤務が難しいと訴え、勧修寺光豊《かじゅうじみつとよ》を同役にするよう上申し、間もなく二名で務めることになり（「反汗秘録《はんかんひろく》」）、「両伝奏」などと呼ばれた。実際、同年四月に「秀頼（豊臣）内大臣に任せられ、消息《しょうそく》宣下なり、広橋大納言（兼勝）・勧修寺宰相（光豊）大坂へ口《く》宣《ぜん》を持ちて越さる」（『時慶《ときよし》記』三）、同年八月に「今日一条殿（内基）え伝奏衆祗候《しこうそうろう》候、御扱《おんあつか》いの由仰せらると云々《うんぬん》」（『義演准后《ぎえんじゅごう》日記』三）とそれぞれ筆録されているように、広橋が勧修寺をともなって大坂の豊臣秀頼《とよとみひでより》に口宣をもたらしていることが確認できる。そしてそこには、「伝奏衆」と複数で記されていることから、勧修寺光豊が、あまり日をおかずに伝奏に就任したことが確認できる。

　慶長十八年七月、二名の伝奏については、「西三条《（三条西実条）》武家伝奏為《た》るべきの事、将軍《（秀忠）》より申され、去る十一日摂家衆等議《ぎ》定《じょう》せらると云々」（『孝亮宿禰《たかすけすくね》記』）と記され、同年をもって初めて「武家伝奏」の語が記録され、将軍徳川秀忠の意向を受けて、摂家衆が評議をおこない、三条西実条《さんじょうにしさねえだ》が任命された。将軍の意向を反映して三条西の就任が決定をみ、室町幕府の時代と同様に、「伝奏」の名称に「武家」が冠されて公儀の役人としての位置づけが強くうち出された。

　江戸幕府との交渉役としての意味を帯びる「武家伝奏」の呼称が定着するには、大坂の陣で豊臣氏が滅亡し、武家政権が徳川氏に一本化される慶長二十年を挟んでも、それなりに時間的な経過が必要とされた。というのも、慶長期に次ぐ元和期（一六一五～二四）で「武家伝奏」の呼称が史料上で確認されるのは、管見の限り「元和六年私記」のみで、寛永期に様々な史料において「武家伝奏」の名称が使われるのも、伝奏が単なる朝廷内制度に留まらず、「武家」を冠するにふさわしい機能をもった公儀の役人となったことを意味している（拙著『近世の公家社会と幕府』および拙稿「近世「武家伝奏」の成立」）。

武家伝奏が江戸幕府より役料《やくりょう》を支給されるきっかけとなったのは、承応二年（一六五三）七月清閑寺共房《せいかんじともふさ》と野宮定逸《さだとし》が江戸城に登城し、四代将軍徳川家綱《いえつな》に面謁した際、年五百俵（百七十五石）の合力米《ごうりきまい》を拝領することになったことに始まる（『吉良家《きらけ》日記』）。このような措置で、領地の小さな公家が武家伝奏に就任するにあたり、収入の不足を補完し、業務を務められるようになったことが明らかにされている（村和明『近世の朝廷制度と朝幕関係』）。その後、幕府からは定期的に役料が支給されたが（『孝明天皇紀』四によれば、文久三年〈一八六三〉十二月に七十俵加増となった）、後で述べるように、その他官物《かんもつ》・進物などの経済的収入も大きかった。

年頭勅使

幕府と朝廷との年始の行事は、将軍から天皇へ年頭祝儀《しゅうぎ》の上使《じょうし》（将軍名代《みょうだい》）を派遣したことに始まる。使者には、儀式・儀礼を司る高家《こうけ》という役職の旗本《はたもと》一名が選任され、おおむね正月下旬より二月上旬にかけて上洛・参内した。もともと高家が上使として派遣されたのは、徳川家康が伏見を離れた後に朝廷との関係を維持していくうえで必要になった役職であり、当初は大沢《おおさわ》氏と吉良氏とが交代で務めて上洛をした。年頭に、家康・秀忠から禁裏への使者として高家が派遣されたのは慶長十二年（一六〇七）に始まった（大嶌聖子「江戸幕府の高家成立について」）。

上使に対する答礼として、天皇から将軍へと派遣される年頭勅使は、「歳首《さいしゅ》を賀す」使者として、二名の武家伝奏が務めた。年頭勅使のように、毎年定期的に派遣される使者がいたが、天皇の即位、将軍宣下、将軍の年忌、贈官位、立坊、入内《じゅだい》など臨時の様々な機会にも勅使が派遣された。

『徳川実紀』によれば、江戸初期において公家の江戸下向として最初に姿を見せるのが、慶長八年に下向した烏丸光広《からすまるみつひろ》である。光広は、秀忠の右近衛大将《うこんえのだいしょう》兼任の宣旨を勅使として持参した。

慶長八年に家康が直接参内して歳首を賀していたが、年頭の上使が始まるのは、家康・秀忠らが京都ではなく関東に所在することが多くなる慶長十二年からである。ちなみに慶長十二・十三年段階では大坂の豊臣秀頼へも年始の礼として勅使が派遣されていた。また、後述する昵近衆は、慶長十一年五月に家康へ、堂上二十余名が同十四年正月に京都所司代板倉勝重《かつしげ》のもとに年始の礼に出向いている。

武家伝奏二名の江戸下向が頻繁におこなわれるようになるのは、大坂夏の陣も終わった元和二年（一六一六）以後のことであり、年頭勅使の定例化は同七年以降のことである。これは大坂の陣や家康の死去、秀忠娘和子《まさこ》の入内、秀忠の上洛など、様々な要因があり派遣に至らなかったものと思われる（平井誠二「江戸時代における年頭勅使の関東下向」）。

そして、元和六年に和子が後水尾天皇に入内することで、天皇家と徳川家との姻戚関係が築かれ、年頭勅使派遣のきっかけになったものと思われる。勅使は二名の武家伝奏が当たるが、院使には院伝奏など、法皇・上皇より使者に命じられた公家が下向した。

勅使一行の人数が大行列なものとなり、十八世紀前半に有職故実《ゆうそくこじつ》家の伊達玄庵《だてげんあん》が著した『光台一覧』には、「勅使は武家伝奏両人、院使は院伝奏、法皇使・女院使・東宮使《とうぐうし》・女御准后使《にょうごじゅごうし》など、御所方有合《ありあわせ》次第、大方は兼合《かねあい》、公家方五人計《ばかり》参府有り、此外《このほか》五摂家・親王家四軒・清華九軒・宮門跡・摂家門跡などの使者・諸大夫・坊官・十九軒の昵近衆の家司《けいし》」などと記されている。摂家の当主や嗣子が自ら下向することがあったが、家臣の筆頭格である諸大夫を使者として下向させることもあった（松澤克行「摂家年頭使の関東下向」）。

享保十一年（一七二六）の事例を挙げると、武家伝奏中院通躬《みちみ》と中山兼親《かねちか》が勅使を、院伝奏東園基長《ひがしぞのもとなが》が法皇使をそれぞれ務め、中院の場合、雑掌二名・近習《きんじゅう》十四名・侍五名・下部《しもべ》三十七名の計五十八名、中山の場合、雑掌二名・近習十三名・侍五名・下部三十八名の計五十八名、東園の場合、雑掌一名・近習十六名・下部二十五名の計四十二名を同行させ、総勢六百十二名の大所帯で下向したことが明らかになっている。

一方、勅使一行を迎える城下では、幕府からの触《ふれ》を受けて、厳重な対応が求められていた。同じく『光台一覧』には「勅使の江戸下向ということで、掃除や自身番の非常の警戒をし、領境より領境まで先導の足軽が案内として先駆けし、(中略)道中筋いかなる大名・旗本の往来も行き違うことはできず、出会い頭の駕籠《かご》を田のほとりに隠し、公家や家臣、下部の行き過ぎるまで待たせておく。天皇の権威はもちろん、ことさら幕府の権勢である」と記され、勅使の通行に対して、掃除や警備の備えをおこない、領境から領境まで先導の足軽を案内に先駆けをさせ、出会い頭の駕籠を隠して、行列が通り過ぎるまで待機させるなど、事故が起きないように諸大名が幕府、さらには朝廷に対して特段の配慮をしていたことがわかる(平井誠二「江戸時代における年頭勅使の関東下向」)。

年頭勅使の下向の期日については、『徳川実紀』十を繙くと、「(年頭勅使が)かならず二月下向にきはまれば」(明和七年〈一七六七〉正月十四日条)という記事が見出されるが、おおむね正月十五日に年始答礼の勅使として下向する旨が武家伝奏に命じられ、二月中旬から三月上旬に出発することが多かった。

伝奏屋敷

勅使として江戸に下向した公家の宿泊先はどこに定められただろうか。『徳川実紀』二には、「三雲屋」(寛永五年〈一六二八〉五月条)と記され(院使は寺院に宿泊)、当初は町屋に宿泊した事例が確認できるが、寛永十年四月、小野高《おのたか》盛《もり》が伝奏旅館構造奉行に命じられ、同十二年十一月十一日に高家吉良義冬《よしふゆ》宅を転じて、江

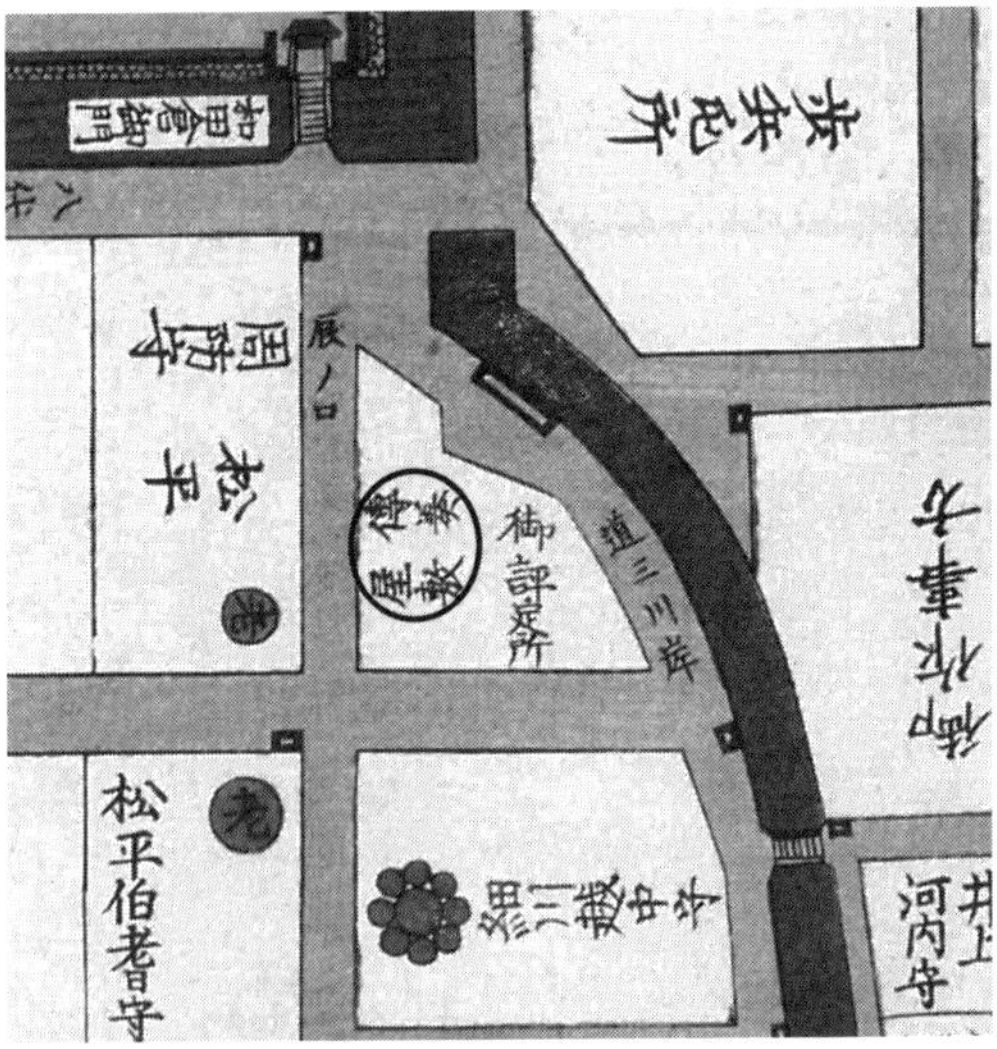

図3　御曲輪内大名小路絵図（部分，慶応元年〈1865〉改正再版，東京都立中央図書館所蔵）

戸城和田倉門《わだくらもん》の東（図3の中央部、龍口《たつのくち》。現在の丸ノ内一丁目付近）の跡地に伝奏旅館が建てられ、以後、勅使はこの伝奏屋敷に宿泊した。

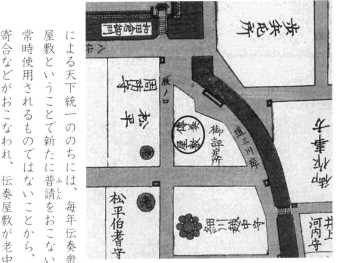

　伝奏屋敷は、建築当初より評定《ひょうじょう》所《しょ》としても使用されたが、この点について、兵学者大道寺友山《だいどうじゆうざん》が江戸の社会を記した「落穂集《おちぼしゅう》追加」（『大日本史料』十二―八）が、次のように記している。

　関ヶ原の戦い以前、公家衆が江戸に下向することはなく、家康による天下統一ののちには、毎年伝奏衆が江戸に下向することになり、公家衆御馳走《ごちそう》屋敷ということで新たに普請《ふしん》をおこない、伝奏屋敷が建てられた。しかし伝奏屋敷が常時使用されるものではないことから、それまで老中の屋敷において諸役人中式日の寄合などがおこなわれ、伝奏屋敷が老中の寄合所として利用されることになり、老中宅における寄合ということはなくなった。

寛永十二年十二月三日に伝奏屋敷で老中の寄合がおこなわれたことや、同九年から十二年にかけての寄合の数と場所に関わる記述をもとに、伝奏屋敷以前は土井利勝《どいとしかつ》（大老）や酒井忠勝《さかいただかつ》（大老）の屋敷で寄合がおこなわれていたことがすでに明らかにされているので（藤井譲治『江戸幕府老中制形成過程の研究』）、おおむね右の記述は史実にそったものと考えられる。

その後も、『徳川実紀』三をみると、慶安元年（一六四八）十一月条に伝奏屋敷の構造奉行が命じられていたこと、明暦三年（一六五七）三月二日条に評定所が龍口に移転したこと、明暦の大火後の万治元年（一六五八）閏十二月十九日条に伝奏屋敷が再建されたこと、享保二年（一七一七）の江戸大火の際には伝奏屋敷が類焼し、同四年には再建されたこと、などがそれぞれ確認でき、伝奏屋敷は、幾度か火災に遭遇しながらも幕末まで存在した。

明和五年（一七六八）三月に勅使・院使が下向した際には旅館が焼亡し、勅使は愛宕下《あたごのした》の青松寺《せいしょうじ》、院使は赤坂山王祠官《しかん》の屋敷を仮館としている。その際の落書には、次のように詠われている（『江戸時代落書類聚』上）。

伝奏も火葬となりて焼失《やけうせ》ぬ　公家衆も今は寺詣《てらもう》でかな

伝奏屋敷は時代によりその規模を異にしたと思われるが、文政期（一八一八〜三〇）頃には、一御殿・二御殿・三御殿の三つの御殿から構成されており、通例、一御殿は武家伝奏二名が、二御殿と三御殿は院使その他の朝廷使節の公家らが旅館として使用した（『藤岡屋日記』二）。伝奏屋敷の規模は、総坪数が三千五百三十九坪（約一万一七〇〇平方メートル《メートル》）にのぼり、野球場の広さを超えた。一〜三御殿の建坪が三百九十九坪余、長屋向の総建坪が三百六十七坪余、羽目小屋の建坪が百一坪余というものであった（『甲辰雑記』）。

また、松平定信《まつだいらさだのぶ》の側近水野為永《みずのためなが》が世情の風聞をとりまとめて定信に報告した『よしの冊子《ぞうし》』によれば、寛政二年（一七九〇）の記事において、「伝奏の事、万事受け合い候《そうろう》町人牛込《うしごめ》にこれ有《あ》り、これも右ばかりにて暮し居り、伝奏屋敷同心《どうしん》なども年々六、七両位の利徳《りとく》これ有り候」と記され、この記述によると、武家伝奏の下向にともなって、万事取り計る専門の町人が牛込にいたことや、伝奏屋敷付きの同心の存在が確認でき（のちに評定所番と同心が兼ねる）、年に六、七両の収益をあげて身入りもよかったことがわかる（拙著『近世の公家社会と幕府』）。

勅使の公式日程

江戸に下向した公家らの行動に着目してみよう。一例として、幕末期の武家伝奏の場合、次の史料に記されたような日程がほぼ典型的なものである（『藤岡屋日記』五、嘉永五年〈一八五二〉二月二十九日条）。

一　勅使　　三条（実万）大納言
　　　　　　坊城（俊克）前大納言

右品川駅御泊ニて、今朝御着也《なり》。
閏《うるう》二月朔日《さくじつ》《ついたち》　御対顔《たいがん》也。
同　二日　御馳走之御能也。
同　三日　上野御参詣也。
同　五日　御返答也。
同　七日　御発駕《はつが》也。

右のように、二月二十九日朝に江戸着となり、二、三日後には将軍と対面して（御対顔）歳首を賀し、さらに公家饗応御能が江戸城で催され、その後、上野寛永寺を参詣し（芝増上寺参詣の場合もある）、辞見の挨拶（御返答）をおこない、上洛の途につくという、約一週間の滞在である。

　ちなみに『徳川実紀』七を繙くと、「今まで禁廷《きんてい》に御返詞《へんし》あるを勅答《ちょくとう》と称すといへども、この後は御返答と唱《しょう》ふくしとなり」（正徳二年〈一七一二〉三月十二日条）と記されているように、もともとは「勅答」と称していたが、正徳二年以降は「返答」の語を使用することになった。この変更には、天皇への配慮をあえておこなった侍講新井白石《じこうあらいはくせき》の意図が反映したものと思われる。

もちろん、『藤岡屋日記』にみえる公式行事だけが江戸における公家の全行動ではなく、江戸において様々な交流が繰り広げられた。ただ、江戸滞在中に公家が親類筋の武家屋敷を訪ねることは公家・武家双方から申し出て、幕府の許可を得る必要があった。

勅使の交流

ここでは、江戸前期の年頭勅使の事例として、寛文十二年（一六七二）、江戸に下向した武家伝奏中院通茂《みちもち》の日記（京都大学附属図書館所蔵「中院通茂備忘録《びぼうろく》」）をもとに江戸下向の様子をみてみたい。

二月上旬に高家吉良義央《よしなか》が中院邸を訪れ、所司代の伝言として、江戸下向に供奉《ぐぶ》する人員や旅程などが伝えられ、その後、所司代より勅使下向につき人足三十四人、馬二十八匹を手配する朱印のほか、船川渡の証文が渡されている。

供の者は、同じ武家伝奏の日野弘資《ひのひろすけ》の場合が青侍《あおざむらい》十七人、下部三十二人、計四十九人であり、中院の場合が青侍十八人、下部三十人、計四十八人であった。中院は、長櫃《ながびつ》三棹《さお》、夾箱《はさみばこ》一荷、担子《たんす》一荷、片夾箱、長刀、立笠、茶、弁当箱一荷、乗輿《のりこし》、馬などを用意したことを記録している。

二月二十三日に京都を出発し、輿や乗馬のほか歩行によって下向しており、昼の休憩場所とともに、大津、愛知川《えちがわ》、醒井《さめがい》など十三ヵ所の宿泊場所を記し、三月七日に伝奏屋敷に到着したことがわかる。今後に備えての記録の意味もあるのか、宿泊場所とともに、座敷の向きや広さ、風呂の有無にはかなりこだわりをもって記しており、当初鳴海《なるみ》宿であったが、高倉家が常宿としている宮《みやの》宿の多兵衛宅に泊まっている。

伝奏屋敷では、御馳走人《ごちそうにん》の有馬康純《ありまやすずみ》が勅使の出迎えをし、その後上使として大老酒井忠清《ただきよ》、高家吉良義央らが来訪し、さらに老中稲葉正則《いなばまさのり》、久世広之《くぜひろゆき》、土屋数直《つちやかずなお》、板倉重矩《しげのり》らが続いて来訪している。伝奏屋敷への訪問者と中院の外出先については、表1のようにまとめることができる。

図4　中院通茂像（部分，京都大学総合博物館所蔵）

表1をみると、伝奏屋敷に対して、大老酒井忠清はじめ稲葉正則ら五名の老中、大沢基将《もとまさ》・吉良義央ら高家、有馬康純ら御馳走人（高家および馳走人については後述）に加えて、堀田正俊《ほったまさとし》ら若年寄《わかどしより》、小笠原長矩《おがさわらながのり》ら寺社奉行、徳川光圀《みつくに》などが来訪している。さらに服部貞《はっとりさだ》

表1　江戸在府中の武家伝奏の動向（寛文12年）

月日	伝奏屋敷への訪問者	武家伝奏の外出先
3.7	勅使御馳走人有馬康純および家来9名，院使馳走人伊東長貞，酒井忠清ほか老中4名，高家大沢基将ほか3名，淀藩主石川憲之，円覚院・歓理院，禁裏附服部貞常ほか本院附・新院附，医師狩野養朴，興庵，堀田五郎右衛門	
3.8	寺社奉行小笠原長矩，※佐竹義隣	※板倉重矩，※高倉永敦
3.9	高家大沢基将ほか1名，老中息土屋政直，※佐竹右京，※板倉重直，木下順庵，医師奥山立庵	
3.10	高家大沢基将ほか1名，馳走人有馬康純父子ほか家来2名，若年寄堀田正俊ほか1名，喜多見久大夫，医師奥山立庵	※板倉重矩
3.11	高家大沢基将，※佐竹義隣，木下順庵，智楽院	※板倉重矩，※光聚院（佐竹義隆正室）
3.12	医師奥山立庵	春松院
3.13	高家吉良義央，前田秀次，医師吉田浄友，道三法印	※佐竹義隣下屋敷（深川），※稲葉正往，春松院
3.14	高家吉良義央	
3.15	医師狩野養朴	江戸城（引見）
3.16	高家吉良義央，水戸光圀	御三家，前田綱紀
3.17	院使御馳走人戸田氏豊	
3.18		江戸城（饗応能）

月日	伝奏屋敷への訪問者	武家伝奏の外出先
3.19	高家大沢基将ほか１名	※板倉重矩
3.20		寛永寺・増上寺，板倉重常
3.21	寺社奉行小笠原長矩ほか１名	
3.22	高家大沢基将ほか１名	士犀政直，※板倉重矩・重直・重常，青松院
3.23	御馳走人，智楽院	江戸城（辞見）
3.24	酒井忠清ほか老中４名，高家大沢基将ほか１名，酒井忠挙	※板倉重矩
3.25	馳走人有馬康純父子および家来２名	春松院

（注）　京都大学附属図書館所蔵「中院通茂備忘録」をもとに作成．※は中院通茂の縁戚にあたる．

常《つね》ら禁裏附《きんりづき》のほか、料理方・賄人《まかないにん》などのメンバーが頻繁に訪れていることがわかる。佐《さ》竹義隣《たけよしちか》が来訪しているのは、中院通茂の母（高倉永慶《たかくらながよし》の娘）と兄弟であり、縁戚関係によるものと思われる。

一方、中院通茂の外出先だが、江戸城への将軍謁見や寛永寺・増上寺参詣のほか、老中、御三家、前田綱紀《つなのり》、御馳走人などを訪ねており、公武交渉役としての立場がよく表れている。縁戚の佐竹義隣（深川下屋敷）、中院通茂母が縁戚となる稲葉正往《まさみち》のほか、老中板倉重矩（養女が中院通茂の正室）の場合、五度も訪れており、頻繁に大名らと交流を重ねていたことがわかる（拙著『近世の公家社会と幕府』）。

八日に板倉と対面した際には、朝廷の叙位《じょい》

除目《じもく》や人事、行事、作事などについて問合せをしている。そこでは、諸公家の位階や官職を授与する叙位除目がそれまで後水尾法皇の仰せで実施されていたが、寛文十二年当時十九歳となった霊元《れいげん》天皇の沙汰でなされるよう前年に法皇の指示があったことで、この件につき内談をしてよいかということ、勧修寺経広《つねひろ》の任槐《にんかい》（大臣任官）のこと、禁中御能を希望していること、後水尾法皇による修学院離宮御幸を月に一度、宮方御寺御幸を年に一度実施してよいかということ、後水尾法皇のもとで人手不足なので芝山定豊《しばやまさだとよ》の年始御使は派遣せずともよいかということ、後西《ごさい》上皇が高松宮幸仁《たかまつのみやゆきひと》親王の称号を改める件で相談してもよいかということ（同年六月に有栖川宮《ありすがわのみや》と改称）、禁中御池を拡張してもよいかということ、などが案件となっていた。

このほか、舟橋経賢《ふなはしつねかた》の件（家業を勤めず不届との理由で、同年六月に方領返上・出家の処罰）、見雲重村《みくもしげむら》の件（女一宮の上臈《じょうろう》と密通《みっつう》の理由で、同年六月に佐渡流罪《さどるざい》）や、難波宗量《なんばむねかず》（三十一歳）・三室戸誠光《みむろどのぶみつ》（二十一歳）の件につき板倉重矩が書き付けた四通の書状を後水尾法皇へ伝えるかどうかということ、なども話題となっていた。

前者については、諸公家の不行跡についていかに対処すべきか、処罰の実施も含めての問合せである。後者の件は、霊元天皇とその側近で仕える若い近習衆の行跡が問題となり、前年には天皇と近習らが花見酒宴を催し、天皇が沈酔するという放埒《ほうらつ》事件が起こっていた。

このため武家伝奏は京都所司代と連絡をとって、近習の年老公家衆を御側衆《おそばしゅう》（のちの議奏《ぎそう》）とし、御前の監督責任をとる者を設定したほか、前所司代であった老中の板倉と継続的にこの問題に対処してきた案件であった（拙著『近世前期朝幕関係の研究』）。

このように、朝廷の叙位除目や人事、行事、作事などの要望や確認、諸公家の行跡問題と処罰を話題にしているほか、江戸城登城前の外出についての可否が問われていた。登城前に親類中へ訪問することの是非については、九日に高家吉良との面会でも言及されており、吉良からは老中に相談するように伝えられ、翌日に許可がおりている。十三日に深川にある佐竹義隣（下屋敷）に面会し、さらに稲葉正往邸を訪れている。

十五日、勅使一行は江戸城に登城し将軍家綱に拝謁し、勅使は将軍が着座する上段に昇って太刀目録を進上して、禁中からの年頭御祝を申し伝えた。その後、酒井忠清ら老中と面会し、当春鷹狩《たかがり》で獲た白鳥進献への謝意のこと、松木《まつのき》家・持明院《じみょういん》家の方領のこと、去年の新地・屋敷拝領衆の御礼のこと、吉田家の宗源殿《そうげんでん》再興への謝意のこと、鷹司房輔《ふさすけ》の関白職辞退の申し出のこと、一条兼輝《かねてる》の内大臣任官のこと、霊元天皇による叙位除目実施の是非のこと、などが話されている。さらに板倉とは、天皇の叙位除目の延引の是非のこと、鷹司関白の継続承認のことが話されている。

このように、勅使下向が単なる年頭の儀礼に留まらず、朝廷の様々な要望のほか朝廷の政務・人事についての幕府側の判断を聞き取っていたことがわかる。基本的な公武交渉は京都においておいて武家伝奏・所司代間でおこなわれたが、京都と遠隔な地、江戸に所在する老中たちにとっては、勅使下向の機会に、公家たちから直接、天皇や公家らの動向を聴取する絶好の機会となり、朝廷との交渉をおこなううえでの判断材料を得るものとなっていたことがわかる。

公家を迎え集う人々

高家

すでに述べたように、幕府の儀式典礼を司る職掌が高家《こうけ》であり、高家は勅使《ちょくし》らの接待や、将軍の名代《みょうだい》として上洛した役職である。由緒ある武士の家柄をその名称とした高家は、一万石未満の旗本《はたもと》から任じられ、役高千五百石を与えられたが、官位は高く従五位下侍従《じじゅう》以上に任じられた。

高家の嚆矢《こうし》については、慶長八年（一六〇三）、徳川家康《とくがわいえやす》が上洛した後に朝廷に関わる職務に携わり、将軍の供奉《ぐぶ》または御使として参内する際、宣下《せんげ》の式典作法を大沢基宿《おおさわもといえ》に管掌させたことに始まり、次に高家に任じられたのは同十三年就任の吉良義弥《きらよしみつ》である。その役職は十七世紀半ばに確立したと考えられている（大嶌聖子「江戸幕府の高家成立について」）。

また高家には、主に表高家と奥高家（奥高家がいわゆる高家）の別があり、後者はさらに高家肝煎《きもいり》、普通の高家、高家見習に分かれていた。高家肝煎は、天和三年（一六八三）に吉良義央《よしなか》・大沢基恒《もとつね》・畠山義里《はたけやまよしさと》ら三名が任じられたのが始まりである。江戸時代、高家は二十六家を数え（吉良氏と土岐《とき》氏は断絶となったことからこの数に含めない）、大沢や今川、畠山などの足利氏の支流を汲む武家が多くを占めたが、公家出身の高家も九家存在した。

例えば、徳川家光《いえみつ》側室の万《まん》（永光院《えいこういん》）は公家の六条有純《ろくじょうありずみ》の娘で、この弟戸田氏豊《とだうじとよ》が慶安二年（一六四九）旗本に取り立てられ、翌三年に高家に就任した。ほかにも、日野輝資《ひのてるすけ》の娘が幕臣の花房正栄《はなぶさまさよし》の妻となっていたが、その子資栄《すけよし》が輝資の養子となり、遺跡《いせき》（一〇三〇石）を継ぎ将軍徳川秀忠《ひでただ》に仕えた。この日野資栄が天和三年（一六八三）に高家に就任した。ちなみに、日野家そのものは、輝資の子資勝《すけかつ》が相続し、寛永七年（一六三〇）に武家伝奏《ぶけてんそう》に就任した（久保貴子「高家に関する一考察」）。

高家は、前述した年頭祝儀の使者のほか、将軍宣下や移徙《いし》（転居）、践祚《せんそ》、受禅《じゅぜん》（先帝の譲位により即位すること）、皇子・皇女の誕生・逝去の使者など、朝幕間のあらゆる儀礼に関わった。上使として上洛した際には、所司代《しょしだい》と面会して将軍から天皇への年頭挨拶の上意を伝えるとともに、前年末に官位が昇進した武家方の一覧が渡されていた。

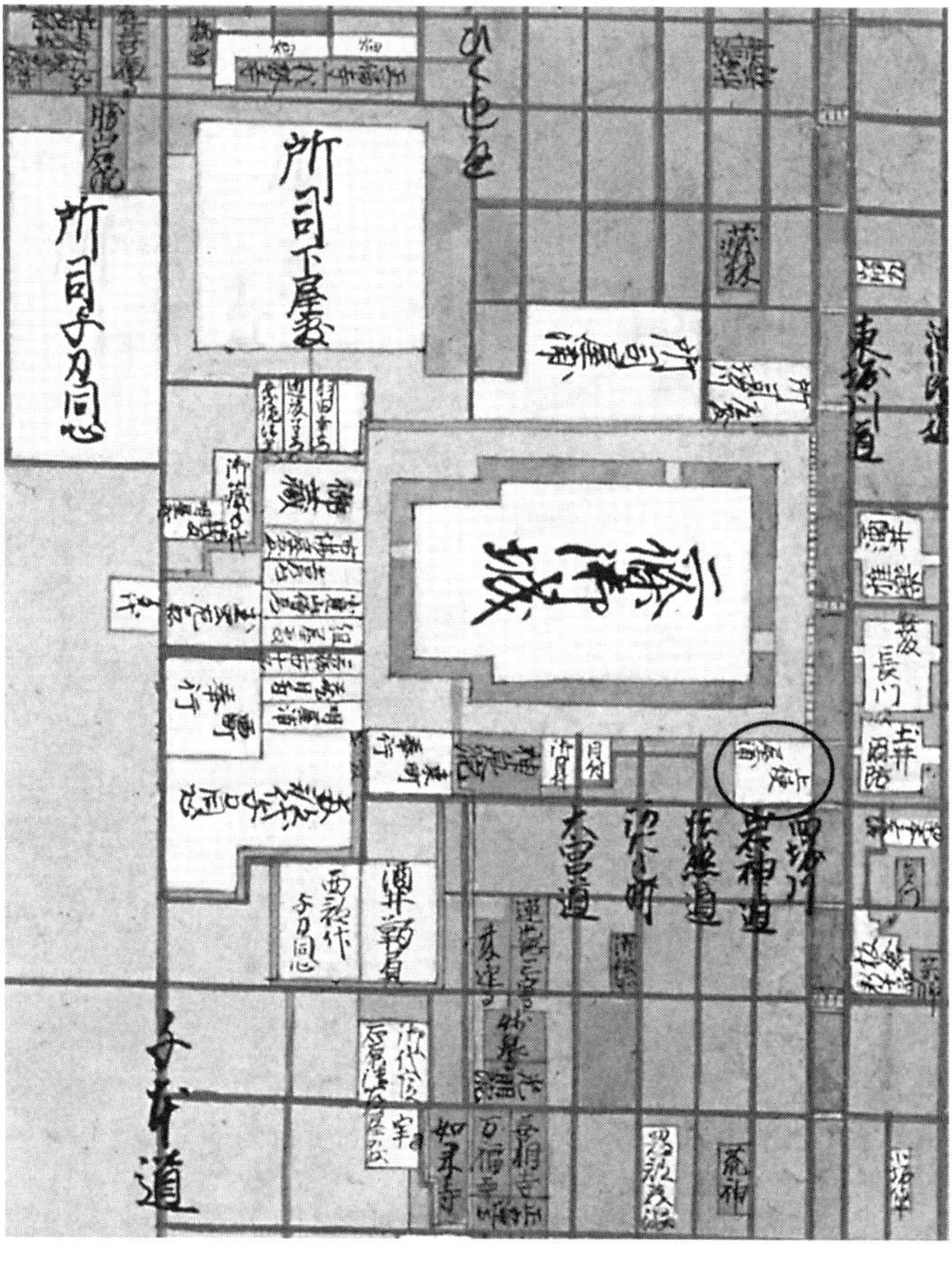

図5　山城国水系図（部分，京都府立京都学・歴彩館所蔵）

高家が上洛した際には、幕初では寺院に宿泊していたが、貞享二年（一六八五）頃に二条城の南側に建てられた高家屋敷と呼ばれる宿所があり、京都での宿泊先としていた（平井誠二「『吉良家日記』解題」）。図5は二条城周辺の絵図であるが、二条城南側に「上使屋敷」の文字がみられ、高家の宿所となった場所である。

御馳走人と公家饗応

京都の禁裏より江戸に下向してきた公家の使者の場合、天皇の使いである勅使や上皇の使いである院使、さらには女院の使いである女院使などの別があったが、これらを接待したり、清華《せいが》以上の堂上《とうしょう》や親王・門跡《もんぜき》を接待するために幕府が設けた役職が馳走役《ちそう》で、饗応役《きょうおう》、館伴役《かんばん》ともいわれ、大名の課役であった。

大名が担った御馳走人には、主に柳の間席につく外様大名が選任されることが多く、在府中の勤役であった。勅使の御馳走人は四、五万石くらい、法皇使の場合には一、三万石くらいの大名がそれぞれ任命されたとされるが（『柳営秘鑑《りゅうえいひかん》』）、前者の場合、二・五万石以上の大名、後者の場合、一万石程度の大名までが任じられた。

中には馳走役を二十回以上も拝命した大名もおり、石見津和野《いわみつわの》藩の亀井家は二十七回、豊後《ぶんご》岡藩の中川家は二十六回にも及び、まさに馳走役請負人であった（望田朋史「近世中期における公儀馳走役」）。

有職故実書《ゆうそくこじつしょ》『光台一覧』には、「山谷河海《さんやかかい》の名物やご馳走を用意し、公家衆の朝夕の饗応御膳の際には、御馳走人たる大名が自ら膳具を確認し、食物の好みを尋ね探って書き付け、公家の家臣らにまで丁重な言葉がけをし、昼夜の機嫌、起居の様子、飲食・沐浴《もくよく》に至るまで意を尽くして饗応にあたる」などと記されており、御馳走人の命を受けた大名は、勅使のみならず供の者にまで気を配りながら、朝から夕刻まで一切の食事その他の饗応に当たらねばならず、山海の豪華な膳を用意し、不作法のないよう接待に努めねばならなかったことが窺える。

また幕末期の事例だが、一関藩《いちのせき》が勅使を饗応した時の記録には、藩主田村邦行《たむらくにみち》が饗応を務めた際の仕事の手順が記されており、そこでは、御馳走人を拝命した田村が高家肝煎ほか関係各所へ就任の挨拶をし、前年の馳走役を務めた堀直央《ほりなおなか》に帳面などの借用を願い出ていたことがわかる。さらに田村は勅使一行の規模を確認し、三十八ヵ条にわたる伺書を送っており、勅使の伝奏屋敷到着を老中や若年寄に知らせるのか、毎日長袴《ながばかま》を着すべきか、登城の際どこで下乗《げじょう》するか、登城時には玄関からどこまで勅使の後についていくべきかなど、細部にわたって確認をしており（「勅使御馳走日記」）、御馳走人となった大名にとっては、大いに心をすり減らすものであったことが推察できる。

近世後期の著名な随筆『甲子夜話《かっしやわ》』を記した松浦静山《まつらせいざん》（本名は清《きよし》）は、息子の平戸《ひらど》藩

図6　勅使饗応（『幕府年中行事』より，明治31年〈1898〉刊，国立国会図書館所蔵）

主松浦熙《ひろむ》（外様小藩で柳の間席）が文化十四年（一八一七）に翌春の勅使の御馳走人に命じられた際、宝永七年（一七一〇）以来の久方ぶりの任命となり、御馳走人が心得るべき多くの情報を集める必要があり、久留米藩士で故実家の松岡辰方《まつおかときかた》が作成した年表形式の一覧表「公家衆御参向之記」を所望し、この後に平戸藩内でも御馳走人を務めた経験のある大名家リスト「伝奏御馳走人御勤之御家」を作成している（望田朋史「『公家衆御参向之記』と近世後期平戸藩松浦家の馳走役」）。

御馳走人に任じられた大名は、先例や故実家の情報を頼り、相役《あいやく》と互いに情報を共有し、粗相のないように務めることが求められていた。松浦熙は、その後文政六年（一八二三）、天保八年（一八三七）にも御馳走人に任命されている。

御馳走人が勅使に対する待遇を配慮するあまり、手厚いものとなる傾向は強まり、幕府が安永九年（一七八〇）、天明元年（一七八一）の二度にわたって経費の節減を命じ、寛政三年（一七九一）には「馳走大名は前々の通り仰せ付けられ候得共《そうらえども》、右は公家衆登城外出の節《せつ》警固、殿中においての掛け引き、御三家方或《あ》いは上使等これ有るの節取り計らい方迄にて、公家衆江戸逗留《とうりゅう》中御賄向《まかないむき》一式は御代官へ仰せ付けられ、雑掌《ざっしょう》・当人等へ応対は御勘定組頭《かんじょうくみがしら》、御勘定方引き受け、御目付方立ち合わせ、取扱い候様相達し候」などと触れられ、御馳走人の職務が改められた（平井誠二「江戸時代における年頭勅使の関東下向」）。

このように、公家衆賄向仕法が改正され、御馳走人の職務の賄向きは代官に移管となり、御馳走人の役割は警固と殿中における掛け引き、馳走所への来客時の取り計らいに限定されるようになった。

松の廊下刃傷事件

年末の時代劇の定番「忠臣蔵《ちゅうしんぐら》」が創作されるきっかけとなった「赤穂《あこう》事件」といえば、ご存知な読者も多いと思う。元禄十四年（一七〇一）三月十四日、赤穂藩主浅野長矩《あさのながのり》が江戸城松の廊下において、高家の吉良義央に斬りつけ、翌年十二月十四日、大石良雄《おおいしよしお》をはじめ赤穂浪士四十七人が吉良邸に押し入り、吉良の首をとって泉岳寺《せんがくじ》の浅野長矩の墓前に供え、その後幕府より切腹を命じられた事件である。なぜこの事件に言及したかといえば、当時、年頭勅使が江戸に下向しており、浅野は勅使の馳走役を務め、吉良は高家として浅野の指南役を務めていたからである。

同年二月二十九日に京を発足した、東山天皇の勅使柳原資廉《やなぎわらすけかど》と高野保春《たかのやすはる》と、霊元《れいげん》上皇の院使清閑寺熙房《せいかんじひろふさ》の一行は、三月十一日に伝奏屋敷に到着し、十二日に登城して天皇と上皇からの挨拶を伝え、十三日には江戸城で能を観劇し、十四日は最終日の儀礼として、将軍徳川綱吉《つなよし》が両使者に勅答する予定となっていた。

十四日当日は、松の廊下で浅野が吉良に斬りかかり、廊下の畳が血で汚れたため、将軍綱吉は高家の畠山基玄《もとくろ》・戸田氏興《うじおき》を勅使のもとに遣わし、勅答の実施に問題ないかを確認し、勅使柳原資廉から「本日おこなわれる勅答の儀を実施してよいか将軍より問い合わせをいただきましたが、穢《けが》れに及ぶ事でもないので、勅答の儀は予定通りに実施いただいて構いません」(「関東下向道中記」)という返事がなされ、これを踏まえ、御馳走人も佐倉藩主戸田忠真《ただざね》に交代し、かつ儀礼の会場を白書院《しろしょいん》から格下の黒書院へ変更して(図8参照)勅答の儀が挙行された(平井誠二「朝廷から見た赤穂事件」)。

十五日は上野寛永寺と芝増上寺を参詣し、十七日に江戸を出発して年頭勅使の日程は滞りなく実施されたが、勅使の饗応を担った人物が江戸城で刃傷《にんじょう》に及んだことは、勅使に対して儀礼を損なうものとなり、徳川将軍としては、著しく面目を失する事件であった。

所司代の内談と「内慮伺い」

さて、京都において朝廷との交渉役を担ったのが京都所司代だが、享保二年（一七一七）に所司代となった松平忠周《ただちか》に対しては、老中から就任時の心得として、「禁中ならびに公家衆作法の儀は、以前から出されていた法度書に背《そむ》くことのないように心得る事」「禁裏附《きんりづき》武家など禁中に付けられている諸役人が、御所方の作法などすべてを承知しておくように申し渡す事」（「松平家文書」）などが明記され、所司代が幕初の禁中幷公家中諸法度（教科書に登場する禁中並公家諸法度のことで、条文を記載する史料の多くが「禁中幷公家中諸法度」の名称をとる）の規定にそって朝廷の運営をおこなうことや、禁裏に派遣された禁裏附その他役人の取締りにあたることなどが規定されていた。

一方、これより半世紀ほど以前、寛文十年（一六七〇）に永井尚庸《ながいなおつね》が、延宝四年（一六七六）に戸田忠昌《ただまさ》が、それぞれ所司代に就任した時の、将軍徳川家綱《いえつな》より下された書付には、どちらも「任地で不慮の事態が発生し、江戸に注進し指図を仰ぐ時間的余裕のない非常時には、将軍のため良きように、所司代の覚悟として、自分で判断して対処する権限を与え、迅速な事後報告を命じる」（「戸田忠和家文書」）という文言が記され、所司代の権限が大きく認められていた。その後、京都代官や京都町奉行、伏見奉行、大坂町奉行、堺奉行ら上方《かみがた》役人が整備されるに従い、所司代の権限は分掌、縮小されていった。そして、就任時勤方の心得書の規定に従い、所司代は関白や武家伝奏を通じて朝廷の動向を具《つぶさ》に把握したわけだが、朝廷側の様々な要望、特に財政支出に関わる重要案件は、江戸の判断を仰ぐ必要があった（拙著『近世前期朝幕関係の研究』）。

享保十年（一七三三）八月に所司代に就任した牧野英成《まきのひでしげ》が武家伝奏中院通躬《なかのいんみちみ》に語ったことを、中院がその日記（「享保日次記」）に次のように記している。

霊元法皇より女二宮（栄子《まさこ》内親王）へ御幸の思し召しが出されたことを所司代に伝えると、所司代牧野からは、老中へ内談をおこない、そのうえで「思し召し次第」との了解の返事があり次第、いつもの通り「御内慮書《ごないりよしよ》」を提出するようにとの指示があった。（中略）牧野は、所司代の役儀が思いのほか気苦労が絶えないと語っていた。これまで前任の松平忠周は、前職で将軍綱吉の御側《おそば》御用を勤めていて逐一江戸に伺いを立てる必要がなかったが、私の場合はそういうわけにいかず、老中松平忠周に先《ま》ず内談して伺いを立ててから物事を進めねばならず、殊《こと》のほか勤めが大変だと語った。

このように、朝廷からの要望は一度、所司代から江戸の老中に内談をおこない、法皇の思し召し通りにとの了解の返事を受けて、正式に朝廷より「御内慮書」を提出し、所司代はこれを江戸に送るという手続きをとっていたのである。こうしたいわゆる「内慮伺《うかが》い」の手続きは、十七世紀後半にはおこなわれるようになり、十八世紀の前半には右のように慣例となっていた。右は所司代の口からこぼれ出た愚痴（「気苦労が絶えない」）が公家に書き留められた珍しい事例である。

宝暦十年（一七六〇）十二月、井上正経《いのうえまさつね》の老中昇任にともない、寺社奉行の阿部正右《あべまさすけ》が所司代となり、前任の井上邸を訪れて所司代役儀の引渡《ひきわたし》をおこなっており、引渡の品が用人より引き渡され、井上から一つずつ説明を受けて阿部側の用人へと書類が渡された。今の世の中においても、新しい役職を拝命する際の重要な事務連絡である。

その際、公事《くじ》に関して、重い役職の者や御三卿の領地については江戸に伺いを立てること、仕置《しおき》では、死罪の場合に御定書《おさだめがき》を勘案し、十人以上に及ぶ時には江戸に伺うこと、そのほか軽い案件についても江戸に伺いを立てる事案があることなどが伝えられていた（「〈京都所司代日記〉」）。

このように、もともと西国を管掌した所司代は、江戸中期以降、意外にもその裁量は限定され、江戸への伺いを立てることが職務運営上の必須となっていたのである（拙著『近世の公家社会と幕府』）。

年頭勅使の江戸下向は、武家伝奏が中心的な役割を果たすため、下向そのこと自体が朝幕間の重要な案件の伝達につながっていたことはすでに一部述べた通りで、このほか『徳川実紀』を繙《ひもと》くと、いくつかの事例を確認することができる。

公家下向の政治的意味

正保二年（一六四五）五月三日条には「両伝奏まうのぼりて酒井《さかい》讃岐守《さぬきのかみ》忠勝《ただかつ》、板倉《いたくら》周《す》防守《おうのかみ》重宗《しげむね》、阿部豊後守《ぶんごのかみ》忠秋《ただあき》、阿部対馬守《つしまのかみ》重次《しげつぐ》と会議あり」と記され、下向してきた武家伝奏と老中の間で会議がなされたことが筆録されている。さらに、正保三年四月十日条には、幕府が高家吉良義冬《よしふゆ》を伝奏屋敷に遣わし、「奉幣使《ほうへいし》の作法」について武家伝奏へ問い合わせ、翌四年五月七日条には、将軍家光《いえみつ》自ら武家伝奏と日光山勅会《ちょくえ》の事について黒書院で話し合っていることなどが確認できる。

寛文十一年（一六七二）二月に勅使として下向した中院通茂《みちもち》が、上洛後の翌日には参内して霊元天皇に直接復命をしたことを自らの日記に記している。そこで報告された内容は、大宮実勝《おおみやさねかつ》・中山篤親《なかやまあつちか》・下冷泉為元《しもれいぜいためもと》の三名に方領《かたりょう》百石ずつの支給が仰せ出されたほか、一条兼遐《かねとお》の関白職辞退の件は「御延引然《えんいんしか》るべき」ということ、（左大臣のポストに闕《けつ》があり）右大臣の転任とするかの件は「右大臣九条《くじょう》兼晴《かねはる》に然るべき」ということ、無足衆《むそくしゅう》の知行宛行《あてがい》の件は「愛宕《おたぎ》三位・葉川《はがわ》少将・押小路《おしこうじ》少将・三室戸《みむろど》権佐《ごんのすけ》・植松侍従へ各新地三十石ずつ給う」こと、などの将軍の意向が伝えられており、方領拝領の伝達なども含めて、朝廷側の願いが勅使下向の機会に幕府側において判断され、その判断が天皇に報告されていたことがわかる（「中院通茂日記」）。

このように、朝廷側の願いが武家伝奏から所司代に伝えられ、所司代から江戸の老中に判断が委ねられる体制が整えられる一方、武家伝奏が勅使として江戸へ下向し、直接、老中と面会し、朝廷内の実情の報告や案件の願いや相談をおこなうことで、迅速に案件を処理し、互いの認識を深めることができたわけである。年頭の勅使をはじめとした公家の江戸下向は、京都で起きた課題を江戸に出向いて解決する朝幕間の交渉の場ともなっていた。次章以降では、江戸に下向してきた公家が武家とどのように交流し、江戸の社会、武家文化にとってどのような意味をもったかをみていきたい。

江戸の「役者」を務める

将軍に昵近する

公家の役儀

天正十三年（一五八五）、関白に就任した豊臣秀吉《とよとみひでよし》は、諸公家に対して領《りょう》知判物《ちはんもつ》・朱印状を発給し、戦国期において財政運営に窮していた状況からの回復を図った。そして天正十六年、秀吉は後陽成《ごようぜい》天皇を聚楽第《じゅらくだい》に迎え、諸公家に対して知行の加増をおこなう一方、天皇への奉公に励むこと、具体的には禁裏に仕え、朝廷の政務や儀式を担い、禁裏を守衛する禁裏小番《きんりこばん》を務めることや、家々の学問（家業《かぎょう》）を嗜《たしな》むように命じた。秀吉の発布した「御掟追加」には「諸公家・諸門跡《もんぜき》、家々道を嗜まれ、公《こう》儀《ぎ》御奉公を専《もっぱ》らにさるべき事」（『浅野家文書』）と規定され、公家衆に対しては「家々道」を嗜み、公儀への奉公に専念することを求めた。

朝廷に仕えた公家たちは、戦国時代の終焉とともに、江戸時代には徳川将軍より知行を与えられ、引き続き朝廷に奉仕することや各家の家業をもって役儀を務めた。慶長十八年（一六一三）六月、江戸幕府は公家衆法度五ヵ条を定め、その一つの条目には「一、公家衆家々の学問、昼夜油断《ゆだん》無き様仰《おお》せ付けらるべき事」と規定して家学の勉励を定め、末尾には「五摂家《ごせっけ》幷《ならびに》伝奏《てんそう》、その届《とどけ》これ有る時、武家より沙汰《さた》を行うべきものなり」（『言緒《ときお》卿記』）と記して、条文に違反する者について五摂家・伝奏から届け出があった場合は、幕府が処罰することが明記された。

同二十年五月に大坂の陣で豊臣氏を滅ぼしたのち、徳川家康《とくがわいえやす》が所司代《しょしだい》板倉勝重《いたくらかつしげ》を召して「禁中の事、関白は関白の役が有り、弁は弁の役が有る、右それぞれの役をもって天皇に奏上すべきである。強《し》いて両伝奏に限るべからず」（『駿府記』慶長二十年七月十日条）と命じているが、家康は、板倉勝重に対して、禁中のことについて関白には「関白の役」があり、関白の役職をもって天皇に奏請すべきであること、強いて二名の伝奏のみに禁中政務の権限が限られ、天皇への奏上の役目を担っているわけではないとして、家康は、関白に対して「関白としての役」を義務づけ、創出したことがわかる。

さらに家康は、同二十年七月、禁中幷公家中諸法度を制定した。第一条は「天子諸芸能の事、第一御学問也《なり》」で始まる天皇の行動または「役」を規定したものとして有名である。戦前の研究においては、この条文が天皇を政治から遠ざけ無力化する規定として解されてきたが、むしろ先例に従い「君主」として身に着けるべき学問、国家治世のことを学ぶ学問を意味していたという理解が必要である。後述するが、この法度は家康・秀忠《ひでただ》の署名に加え、関白二条昭実《にじょうあきざね》が署名して、法度の内容には多分に朝廷側の論理、摂家側の論理をも含んでいた。ただし、法度制定主体である幕府が実権をもつ論理の枠組みの中で理解することが必要であり、あくまでも大政委任という論理ではない。

また、第十一条には、「関白・伝奏幷奉行《ぶぎょう》職事《しきじ》等が申し渡す儀、堂上《とうしょう》・地下《じげ》輩《のともがら》相背《そむ》くにおいては、流罪たるべき事」と記され、関白と伝奏の申し渡しに背く公家が流罪に処せられるという規定がなされ、関白と伝奏が朝廷統制の中心に位置づけられた（拙著『近世朝廷の法制と秩序』）。

日光例幣使の下向

さて、徳川家康が元和二年（一六一六）四月に没すると、遺言に従ってその遺骸は駿河《するが》の久能山《くのうざん》に埋葬され、翌年には日光山に改葬された。そして朝廷からは「東照大権現《とうしょうだいごんげん》」という神号が与えられて社殿は東照社と名付けられ、かつ正一位を贈位された。寛永十一年（一六三四）に三代将軍家光《いえみつ》が大改築をおこなって壮麗《そうれい》な社殿が完成した。

正保二年（一六四五）、日光東照社に対して後光明《ごこうみょう》天皇から「東照宮」の宮号宣下《ぐうごうせんげ》がなされ、翌三年家光の奏請により、例祭に朝廷から宮号宣下を記念した奉幣使《ほうへいし》として持明《じみょう》院基定《いんもとさだ》が派遣された。それまでにも、元和三年の東照社の落成と家康一周忌の遷座祭《せんざさい》において、勅使日野資勝《ちよくしひのすけかつ》と奉幣使清閑寺共房《せいかんじともふさ》が派遣されたことがあり、寛永五年の十三回忌や、同十七年の二十五回忌の際に臨時に派遣されていた。正保二年に東照宮号宣下を伝えた今出川経季《いまでがわつねすえ》が日光に参詣、同三年持明院基定が江戸から日光に向かい東照宮に詣でた翌年以降は、毎年派遣されることになり、慶応三年（一八六七）まで二百二十一年間続いた。

奉幣とは、天皇の命により幣帛《へいはく》を奉献することで、その使者である奉幣使が神前で宣《せん》命《みよう》を読み上げた。奉幣使は禁中の内侍所《ないしどころ》に供えた御供米《おくま》を戴いて七粒ずつ数万の包みにして用意し、道中の宿所や小休所などで酒肴《しゆこう》の献上に対して、用意した紙包みを下していた。公家一行の道中で書き残された色紙や短冊《たんざく》が各地に残され、京都の文化を伝える役割をもった。

往路は京都を出発して中山道《なかせんどう》を下り、倉賀野《くらがの》宿（現在の群馬県高崎市）より楡木《にれぎ》宿（栃木県鹿沼市）へ向かい、そこから日光街道に入るルートを通ったが、この間がのちに例幣使《れいへいし》街道と呼ばれ、その街道を通って日光に向かった。帰路は日光街道で南下し、江戸を経由して東海道に入り帰京するのが一般的で、例年四月一日に京都を立ち、十五日までに日光に到着し、大祭前日の十六日に奉幣し、三十日に帰洛するスケジュールであった。

江戸時代には、日光のほかにも延享元年（一七四四）に上七社（伊勢・石清水《いわしみず》・賀茂《かも》・

松尾《まつのお》・平野《ひらの》・稲荷《いなり》・春日《かすが》）と宇佐宮《うさぐう》・香椎宮《かしいぐう》への奉幣使が朝廷側より要請され、それぞれ約三百年ぶり、約四百年ぶりに再興され、その後も何度か発遣がおこなわれた。

文久三年（一八六三）からの日光例幣使において、朝廷はそれまで公卿が勅使となっていたものの格を下げさせ、堂上を勅使とするように変化させたという。そこには、日光例幣使という朝廷の宗教的な権威を利用して、幕府が東照宮の神威を高めようとするねらいがあったが、日光例幣使を降格させる一方で、朝廷側が自己の権威を上昇させる動きをとったことが窺える（高埜利彦『近世日本の国家権力と宗教』）。

昵近衆という集団

江戸初期に徳川将軍が上洛するのにともない、将軍の参内に扈従《こしょう》した公家として、「昵近《じっきん》の衆」「昵近の輩《ともがら》」などと呼ばれた昵近衆という公家集団がいた。享保三年（一七一八）頃の内容を記す「雲上当時鈔《うんじょうとうじしょう》」という史料には、「昵近衆といって諸公家中に十七家ある。将軍家と親しく近づくことから、将軍の上洛があればとりわけ供奉《ぐぶ》をし、将軍からの使者の上洛時も供奉《ぐぶ》をする。また、江戸で将軍周年忌の法事があれば、各家々より贈経奉納の使いが江戸に派遣され、将軍とお目見えの後に白銀などを拝領して帰る。これが昵近衆である。昵近衆の起こりは、三代将軍足《あし》利義満《かがよしみつ》の頃よりはじまるが、広橋兼宣《ひろはしかねのぶ》は四代義持《よしもち》の昵近であったということが或《あ》る本にみえる。豊臣秀吉が今出川晴季《はるすえ》を懇遇《こんぐう》したが、これは当てはまらない。すべて将軍家を公方《くぼう》と称するのも、足利義満の頃からの事である。　日野　烏丸《からすまる》　広橋　柳原《やなぎわら》　飛鳥井《あすかい》　高《たか》倉《くら》　三条西《さんじょうにし》　勧修寺《かじゅうじ》　六条《ろくじょう》　四条《しじょう》　堀河《ほりかわ》　舟橋《ふなはし》　梅園《うめぞの》　橋本《はしもと》　上冷泉《かみれいぜい》　山科《やましな》　土御《つちみ》門《かど》」と記されている。

この記述によれば、徳川将軍や将軍使者の上洛にともなって供をし、将軍の法事に当たっては贈経奉納の使者を遣わすこと、昵近衆が三代将軍足利義満の頃に始まり、広橋兼宣が四代将軍義持の昵近であったこと、豊臣秀吉の懇遇した今出川晴季が昵近衆ではなかったこと、昵近衆が公家十七家から成る集団であったことなどがわかる。この史料には、享保三年頃の内容を記録しているが、昵近衆十七家は、江戸初期における差替えを経ながら、寛永二十一年（一六四四）までに成立していった。

昵近衆の語は、江戸時代の早いものでは慶長八年（一六〇三）三月まで遡《さかのぼ》ることができ（『お湯殿の上の日記』）、江戸初期の公家、舟橋秀賢《ひでかた》の日記を繙《ひもと》くと、「（慶長十年四月十日）八時半頃、将軍が参内し、塗輿唐門《ぬりごしからもん》の外までお越しになったので、各々唐門の外までお出迎えをし、長橋局《ながはしのつぼね》まで御供をし、そして烏丸父子をはじめ昵近衆は、天皇の御前に参った。昵近の衆二十二人が将軍（家康）の御酌《しゃく》である御通《おとおり》を下された。（中略）十一時半頃、退出となり、各々唐門の外まで見送りをおこなった」（『慶長日件録』）と記されている。

この記述にある通り、昵近衆が他の公家とは異なり、将軍家康を御所の唐門の外で出迎え、将軍の供をして御前に参り、長橋局に参ってから後陽成天皇の御前に出て、将軍によって昵近衆が御通という特別な酌を受けたこと、唐門の外で将軍を見送ったことがわかる。そして、こうした将軍の参内に付き従い、御通といって将軍の三献の御酌を受ける足利将軍の儀礼も、徳川将軍によって再生されたのである（拙著『近世朝廷の法制と秩序』）。

「役者」としての昵近衆

大御所徳川秀忠と将軍徳川家光の参内の様子を記した、土御門泰重《つちみかどやすしげ》の日記の元和九年（一六二三）八月六日条には、「二条城へ伺候《しこう》した。昵近衆は残らずお見舞い伺候をし、三条西実条《さねえだ》は御簾《みす》、日野光慶《みつよし》は御沓《くつ》、自分は御身固《みがため》など、それぞれ「役者」として務めた。（中略）大御所秀忠・将軍家光は（後《ご》水尾《みずのお》）天皇と対面し、御礼を申入れて退出した」（『泰重卿記』二）と記されており、ここでは、昵近衆が残らず秀忠・家光の参内に付き従い、そのうち三条西実条・日野光慶・土御門泰重がそれぞれ御簾・御沓・御身固（将軍の穢《けが》れや邪気を祓《はら》うための呪術）の「役者」となっていたことがわかる。

そして、慶長十九年（一六一四）七月に冷泉為満《ためみつ》が駿府で家康に古今和歌集の奥旨伝授《おうしでんじゅ》をしたほか（『徳川実紀』一）、同年七月に飛鳥井雅庸《あすかいまさつね》が駿府で家康に源氏物語の講釈をしたり（『駿府記』）、元和九年八月に駿府において家康と歌道を談じたりするなど（『泰重卿記』二）、昵近衆が将軍の儀礼における「役者」の衆として候じ、将軍の儀礼を整え、荘《しょう》厳《ごん》する役割を果たし、この点で特別の待遇を受けていたことが確認できる。

このほか、『徳川実紀』を参照すると、昵近衆は、烏丸の歌道、日野・勧修寺の御沓、飛鳥井の御轅《ながえ》・御沓・御簾、上冷泉の御装束《しょうぞく》・歌道、山科の御装束、高倉の御衣紋《えもん》など、家業との関わりから、幕府の儀礼または芸能指南の「役者」としてその技能を発揮していた。

また幕府側の史料をみると（例えば『江戸幕府日記』慶安四年〈一六五一〉五月二十三日条）、江戸に下向してきた公家たちについて、「摂家・親王・門跡・清華《せいが》・昵近の面々」と記述されることが多いが、この認識は室町幕府以来の捉え方であり、江戸に下向してきた諸公家に対して、昵近衆を儀礼上の一つの集団として認識していたことが確認できる。

寛永十八年（一六四二）八月の家綱《いえつな》誕生に際して、古記録には「昵近衆大略関東に下ると云々《うんぬん》」（『道房公記』）と記されているように、江戸初期、特に、三代将軍徳川家光の時代まで、昵近衆は頻繁に江戸下向をおこなっていた。

勅使とともに下向した昵近衆の一人高倉家の場合、「高倉家は現在、天皇の衣紋を担当している。また将軍家光公が上洛なさった時、その衣紋を頼んだことから、現在に至って将軍の大礼には必ず下向することが慣例となった」（『甲子夜話《かっしやわ》』正―二）と記されており、唯一例外としては、宝暦十年（一七六〇）九月二日、家治《いえはる》将軍宣下の際の衣紋役を樋口基《ひぐちもと》康《やす》がおこなった（『徳川実紀』十、後掲の表2参照）。

将軍宣下はもちろんのこと、将軍または将軍の世継ぎの官位昇進に際して、高倉家は衣紋の役を務めた。そもそも高倉家は山科家と並んで天皇の衣紋と装束の役を務め、束帯を着用する時に前後から着付をおこなう役目を担った。また陰陽師の土御門の「身固の役」とならんで、代々江戸に参向し、その儀礼には必ず立ち合うという、重要な役割を果たしていた。

元和三年（一六一七）五月、日野資勝が江戸へ下向した際、自らの日記に「登城して将軍秀忠にお目見えが叶うかどうか伝奏へ申し入れたところ、未だ定かでないと返信があり、その後使いが来て、お目見えが叶うので早々登城するようにと伝えられ、「役者」の衆は登城するよう仰せがあった。そこで広橋兼勝、高倉永慶《ながよし》らが同道して登城し、暫く待っていたところ、奥の小広間三間にて拝領物が下された。（中略）拝領などが終わった後に、奥の書院にて将軍との対面が叶い、御礼を申し上げて退出となった」（「資勝卿記抄」『大日本史料』十二―二十七）と記している。この記録は、元和三年五月江戸へ参向してきた日野資勝が江戸城登城の可否を伝奏に尋ねて登城したわけだが、日野は結果として今度の「役者」の衆として位置づけられ、登城を許されたのである。

ほかにも、元和四年閏《うるう》三月に山科言総《ときふさ》、姉小路公景《あねがこうじきんかげ》らが紅葉山《もみじやま》東照社正遷宮《しょうせんぐう》参拝法会《ほうえ》の「遷宮の役者」として江戸に下向している事例もある（『言緒卿記』下、「梵舜日記」『大日本史料』十二―二十八）。つまり江戸下向の公家は江戸城の儀礼における「役者」の衆として下向し、江戸城登城を許されるという一面があった（拙著『近世の公家社会と幕府』）。

将軍周忌法会と公家たち

四代家綱以降は幕末に至るまで、徳川将軍が上洛するということがなくなったが、将軍家と昵近衆の関係は儀礼のうえで継続をした。例えば、将軍の慶弔時における儀礼関係が昵近衆の日記に記録されている。

三代将軍家光死去にあたって、昵近衆らは贈経と書状とを同時に送ったが、四代家綱の死去では、まず書状を遣わし、その後贈経奉納をおこなった（「勧慶日記」延宝八年〈一六八〇〉五月十三・十五日条）。

以後、この儀礼は継承されていくが、宝永六年（一七〇九）正月十日に五代綱吉《つなよし》が没した際、武家伝奏柳原資廉《すけかど》（昵近衆の一人）から廻状で伝えられたが、「関東へ御機嫌伺いとして書状を送るべく、二組に分かれ調えて出来次第、一両日に廻すので名字を加えることに致します」（日野輝光《てるみつ》の日記「日次記《ひなみき》」）と記され、柳原組（柳原・日野・六条・土御門・梅園・四条・三条西・堀河）と飛鳥井組（飛鳥井・冷泉・広橋・舟橋・橋本・高倉・山科・烏丸・勧修寺）の二組に分かれ、老中・若年寄・側用人《そばようにん》（史料上は「側衆」）・高家《こうけ》に対して、それぞれ連名で書状を送った。

そして、昵近衆からは使者を遣わして般若心経《はんにゃしんぎょう》の奉納をおこない、その使者に対して、幕府から拝領物が下賜されており、これに前後して、昵近衆十六名（広橋兼廉《かねかど》は所労により不参）が歴代徳川将軍の位牌を収める養源院に参詣して焼香をおこなっている。

また、五代綱吉の将軍宣下に際しては、これまで祝儀として関東へ書状を送っていなかったが、使者を派遣することとなり、その後は幕府から指示を受けて昵近衆一同で書状を出すようにとの幕府側の指示が伝えられるようになった。そして、六代家宣《いえのぶ》の一周忌法事に当たり、幕府より贈経奉納の使者を差し出すように幕府より指示が出されると、これまで前例のないことから差出を回避しようと願いを出すが、結果的には贈経奉納をおこなうこととなった（拙著『近世朝廷の法制と秩序』）。

こうした儀礼は江戸後期においても確認でき、例えば昵近衆の一人山科忠言《ただとき》は、天明六年（一七八六）九月の十代将軍家治《いえはる》死去の際、「将軍家治薨去の事、（将軍後継の）権大納言家斉《いえなり》公にはお悲しみ、いかばかりかと拝察いたします。昵近衆一同、例のごとく大老・老中・西丸老中等に書翰をもって申し述べます」「将軍家治薨去により、先例のごとく東《とう》叡山《えいざん》寛永寺に、紺地に金泥《きんでい》で記した般若心経をお贈りした」（「山科忠言卿記」）と記している。

このように、昵近衆が将軍宣下や法事の際に使者を派遣し、幕府儀礼を荘厳する役割を継続して担っていた。しかし、文久三年（一八六三）三月には、「これまで将軍の昵近という名目があったが、意味がないことからとり止めるとの幕府からの通達があったので、以後は昵近の待遇を廃止する」（『孝明《こうめい》天皇紀』四）と記述されるように、ここに昵近衆の役割が終了した。

将軍儀式を荘厳する

ご承知のように、征夷大将軍に任じられる儀式は、朝廷からの勅《ちょく》使《し》がその宣旨をもたらす形式をとった。それが形式的または手続き上ではあっても、江戸幕府の重要な儀式の中に、天皇・朝廷の儀礼が幕府政治において明瞭に位置づけられることになった。ここに、江戸時代の幕府と朝廷との関係の一端を垣間見ることができる。

京都における伝宣

慶長八年（一六〇三）二月十二日、勅使の勧修寺光豊《かじゅうじみつとよ》と上卿《しょうけい》の広橋兼勝《ひろはしかねかつ》が伏見城に遣わされ、徳川家康《とくがわいえやす》は伏見城において、征夷大将軍の宣旨を受けた（図7参照）。宣旨を下されたのは征夷大将軍にとどまらず、右大臣（従一位）、源氏長者、淳和奨学両院別当《じゅんなしょうがくりょういんべっとう》、牛車《ぎっしゃ》の礼遇、兵仗《ひょうじょう》の礼遇という六種八通の宣旨が家康にもたらされた。

右の淳和院と奨学院は、平安貴族の子弟が学ぶ教育機関であったもので、形骸化した後には、両者の別当（長官）が名誉職となって源氏長者が兼務することとなり、足利義満《あしかがよしみつ》が源氏長者として淳和奨学両院別当を兼務して以来、しばしば源氏長者になった足利将軍が兼務した。徳川家康は、将軍宣下《せんげ》とともにこの儀礼に倣《なら》って源氏長者となり、淳和奨学両院別当に任じられ、以後の将軍にも受け継がれた。牛車の礼遇、兵杖の礼遇とは、それぞれ牛車と兵杖の使用が許されたことを意味した。

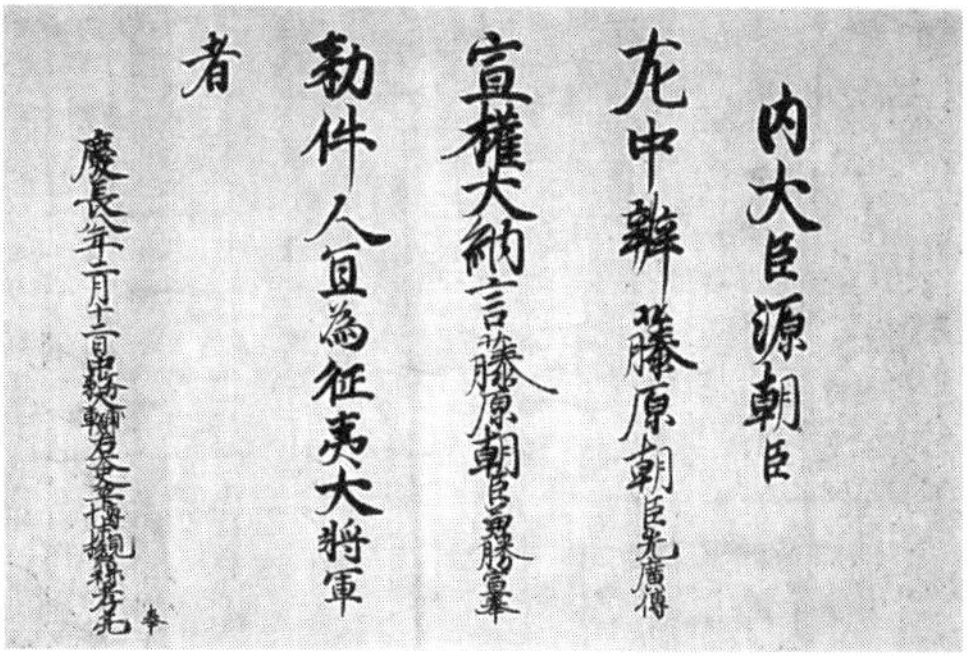
内大臣源朝臣
左中辨藤原朝臣光廣傳
宣権大納言藤原朝臣兼勝宣奉
勅件人宜為征夷大将軍
者

図7　徳川家康征夷大将軍宣旨（日光東照宮宝物館所蔵）

　家康は、同年三月二十一日二条城に入り、二十五日に衣冠の正装に身を包み、牛車を用いて群臣たちとともに堀川通りを北上して、禁裏へと向かった。家康は後陽成《ごようぜい》天皇に拝謁し、将軍任官の礼を述べた後、天皇から三献の盃を受けるなど祝賀の儀を終えた。

　このことは、武家の棟梁《とうりょう》としての征夷大将軍に任じられる一方、右大臣の宣旨を受けていることから、家康は豊臣秀吉《とよとみひでよし》と同様に、公家の官職を受けたということであり、一面としては、これまでの公家社会における官位官職体系に組み込まれることになった。

武家官位制

そこで家康は、慶長十一年（一六〇六）四月、伝奏《てんそう》の勧修寺晴豊《はれとよ》と会い、「武家の者ども、官位の事、御推挙《すいきょ》なくんば、一円成《な》し下されまじき」（『慶長日件録』二）と強く申し入れている。今後は、大名らが朝廷より官位を受けることについて、徳川将軍の許可・推挙がなければ、任官されないことが伝えられ、大名らが朝廷と直接に売官売位の取引をおこなうことが禁じられた。

そして慶長二十年に制定された禁中并公家中諸法度の一つの条目では、「一、武家の官位は、公家当官の外《ほか》たるべき事」と定められ、ここに武家の官位が公家の官位官職のシステムとは別立てで設定されることが明文化されたのである。すなわち、武家の官位官職は公家の体系とは異にすることとなり、元和六年（一六二〇）以後は、大臣から参議までの公卿《くぎょう》の職員録にあたる「公卿補任《ぶにん》」の記載から、家康をはじめとして武家が外れることになった。

慶長十年四月十六日、徳川秀忠《ひでただ》は伏見城において勅使を迎えて二代将軍に任じられた。秀忠はすでに右近衛大将《うこんえのだいしょう》に任じられ、将軍職継嗣《けいし》の立場にあったが、ここに徳川家による将軍職の世襲《せしゅう》が確定した。元和九年七月二十七日に徳川家光《いえみつ》は、やはり伏見城で将軍宣下を受け、正二位内大臣となった。すでに元和六年に徳川秀忠の娘和子《まさこ》が二条城より後《ご》水尾《みずのお》天皇に入内《じゆだい》しており、同年十一月には後水尾天皇と和子の間に女一宮（のちの明正《めいしよう》天皇）が誕生し、その後和子が中宮《ちゆうぐう》に冊立《さくりつ》されるなど、幕府と朝廷の関係が最も安定した状況になったことを意味した。

寛永三年（一六二六）、徳川家光は後水尾天皇の二条城行幸《ぎようこう》のために再び上洛し、豊臣秀吉の聚楽第《じゆらくだい》行幸に倣うかのように、供奉《ぐぶ》の者が総勢三十万千余人にのぼる一大軍勢を従えて二条城行幸を挙行し、その威光を天下に示す上洛となった。しかし寛永十一年に将軍家光が上洛したことを最後に、幕末までは徳川将軍が上洛することはなかった。

江戸における伝宣

四代将軍家綱《いえつな》以降は、徳川将軍の上洛がなくなったので、宣旨を伝える伝宣は、勅使が江戸に下向し、新将軍を任じることになった。

慶安四年（一六五一）四月に三代将軍家光が亡くなると、五月に朝廷は、勅使・院使らを派遣し、家光に太政大臣正一位を贈り、大猷院《たいゆういん》の諡号《しごう》を与えた。勅使らは家光の棺《ひつぎ》が葬られた日光山に向かって、僧位僧官および賜経の儀式をおこない、江戸に至り、のちに使者は帰洛した。

六月に入ると、新将軍家綱の代替わりの儀式が執りおこなわれ、一門・大名・旗本《はたもと》らが出仕した。一方、家綱は高家《こうけ》大沢基将《おおさわもとまさ》を上洛させ、朝廷側と将軍宣下の日程の交渉をおこなわせ、七月には将軍叙任の宣旨を江戸に持参することが決定され、八月に使者が派遣された。

表2は、名和修氏の研究をもとに作成した、歴代将軍宣下において下向した「役者」公

公家一覧

摂家	官務	大外記	衣紋	身固
一条教良	壬生忠利	押小路師定	高倉永慶	土御門泰重
近衛基熙 鷹司兼熙	壬生季連	押小路師定	高倉永敦	土御門泰福
二条綱平 近衛家久	壬生章弘	押小路師庸	高倉永福	土御門泰連
近衛家熙 九条師孝	壬生章弘	押小路師英	高倉永福	土御門泰福
二条吉忠 一条兼香	壬生章弘	押小路師英	高倉永福	土御門泰連
一条道香 二条宗基	壬生盈春	押小路師貫	高倉永房	土御門泰連
鷹司輔平 九条道前	壬生基貫	押小路師守	樋口基康	土御門泰邦
二条治孝	壬生敬義	押小路師富	高倉永範	土御門泰栄
二条斉信 近衛忠熙	壬生以寧	押小路師武	高倉永雅	土御門晴親
九条尚忠 一条忠香	壬生輔世	押小路師身	高倉永祐	土御門晴雄
二条斉敬 近衛忠房			高倉永祐	土御門晴雄

をもとに改編.

東宮使・准后使は省略した.

表2　歴代将軍宣下において下向した「役者」

No.	将軍	宣下年	勅使	院使
1	家綱	慶安4	今出川経季	小川坊城俊 清水谷実任（新）
2	綱吉	延宝8	花山院定誠 千種有能	池尻共孝 阿野季信（本） 松時量（新）
3	家宣	宝永6	高野保春 庭田重条	梅小路共方
4	家継	正徳3	徳大寺公全 庭田重条	梅小路共方
5	吉宗	享保元	徳大寺公全 庭田重条	東園基長
6	家重	延享2	久我通兄 葉室頼胤	
7	家治	宝暦10	柳原光綱 広橋兼胤	
8	家斉	天明7	油小路隆前 久我通信	難波宗城
9	家慶	天保8	徳大寺実堅 日野資愛	橋本実久
10	家定	嘉永6	三条実万 坊城俊明	
11	家茂	安政5	広橋光成 万里小路正房	

（注1）　名和修「近衛基熙延宝八年関東下向関係資料」
（注2）　（新）は新院使，（本）は本院使をさし，女院使・

家一覧である。これをみると、武家伝奏が務めた勅使、院伝奏が主に務めた院使のほか、摂家、官務の壬生《みぶ》、大外記《だいげき》の押小路《おしこうじ》、衣紋《えもん》家の高倉《たかくら》、陰陽師の土御門《つちみかど》らが下向し、公家らが「役者」の衆として役割を果たしたことがわかる。

次に、延宝八年（一六八〇）の五代徳川綱吉《つなよし》の将軍宣下の様子をみてみよう。

延宝八年八月二十三日、夜明け前に降っていた雨があがった午前八時頃、将軍綱吉が黒書院へ束帯《そくたい》を身にまとって出御《しゅつぎょ》し、酒井忠清《さかいただきよ》の先導のもと堀田正俊《ほったまさとし》が裾《すそ》の役を、大沢基《もと》恒《つね》が太刀を、内藤重頼《ないとうしげより》が刀をもち、上段に着座した。そして高倉永敦《ながあつ》が衣冠にて出座し、上段に上って将軍の衣紋（装束《しょうぞく》の着用と確認）を務めた。次に土御門泰福《やすとみ》が出座し、上段に上って身固を務めた。

老中らが挨拶をした後、綱吉は白書院に出御となり、上段に着座し、御三家や老中の挨拶を受け、大広間に出御した際には、近習《きんじゅう》や諸大夫ら一同の挨拶を受けた。

その後、綱吉が大広間の上段に着座すると、勅使花山院定誠《かざんいんさだのぶ》と千種有能《ちぐさありよし》が出座し、将軍宣下宣旨の勅諚《ちょくじょう》があったことを言上し、綱吉から御礼がなされた。

花山院・千種（勅使）のほか、池尻共孝《いけがみともたか》（院使）、阿野季信《あのすえのぶ》（本院使）、平松時量《ひらまつときかず》（新院使）、富小路永貞《とみのこうじながさだ》（女御使）らが束帯姿で中段の左右に着座し、束帯姿の真継《まつぎ》玄弘が庭で将軍に向いて「御昇進、御昇進」と二声叫んで退いた。そして壬生季連《すえつら》が覧箱《らんばこ》を持ち出し、高家《こうけ》の吉良義央《きらよしなか》が出向いて覧箱を受け取って一通ずつ将軍の上覧に備えた。

宣旨の上覧は二度にわたり、最初は征夷大将軍、右近衛大将、右馬寮御監《うめりょうごげん》、淳和奨学両院別当、源氏長者の六通の宣旨が披露され、次に内大臣、右近衛大将、随身・兵杖、牛車の五通の宣旨が披露された。初めの覧箱には砂金袋二つ、二度目の覧箱には砂金袋一つが入れられ、それぞれ大外記押小路師庸《もろつね》が受け取っている。砂金袋一つには大判一枚ずつ十両が入れられたとされる。

この後、勅使・院使らにより、天皇や上皇・女院からの太刀目録が将軍に進ぜられると、使者個人の御礼の番となり、使者の公家たちが中段において太刀目録や紗綾を献上し、次いで近衛基熙《このえもとひろ》や鷹司兼熙《たかつかさかねひろ》ら摂家が太刀目録を上段において献上し、石井行豊《いわいゆきとよ》や桜井兼里《さくらいかねさと》が太刀目録を下段において献上した。

儀礼はその後も続き、四品《ほん》以上の在江戸大名が大広間下段に集められ、そこに将軍が二度三度と出座し、お目見えをして「今日の御祝儀」を申し上げる披露《ひろう》がおこなわれ、摂家はじめ公家家来、楽人《がくにん》、冠師《かんむりし》、装束師らが進物とともに御礼を述べた。最後に、白書院にて老中出席のもと御三家のお目見えがあり、黒書院にて老中出席のもと徳川綱豊《つなとよ》にお目見えがあった（「将軍宣下城中雑記　常憲院」）。

時代は下るが、天保八年（一八三七）十二代徳川家慶《いえよし》の将軍宣下のため、左大臣二条《にじょう》斉信《なりのぶ》と内大臣近衛忠熙《ただひろ》とが江戸に下向した際に、二条の御馳走人《ごちそうにん》となった平戸《ひらど》藩主松浦《まつら》熙《ひろむ》について、父松浦静山《せいざん》（本名は清《きよし》）が随筆集『甲子夜話《かっしやわ》』（三―四）を記述しており、その中には公家と対面した際の将軍の言葉が記されている点が興味深いので、ここで引用してみたい。将軍は自身の威厳を保つうえで寡黙であり、相手の格式に応じて言葉を用い

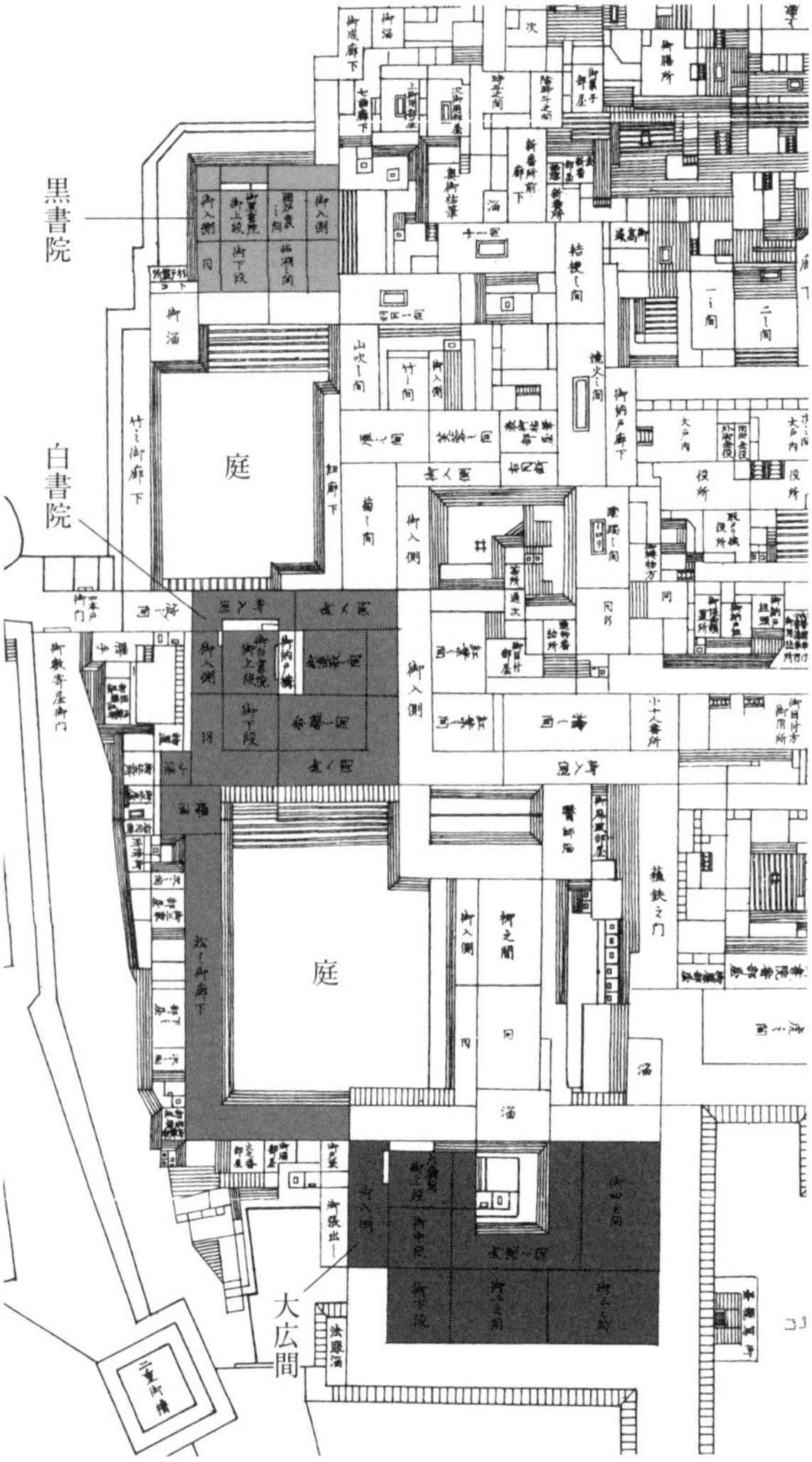

図8　江戸城本丸表図（深井雅海『江戸城』〈中公新書，2008年〉より転載，一部改変）

ていたことが明らかにされている（深井雅海『江戸城御殿の構造と儀礼の研究』）。将軍は、公家に対して、いったいどのような言葉をかけていたのであろうか。

二条斉信が江戸城に登城した際には、本丸玄関まで輿《こし》がつけられ、将軍が殿上《てんじょう》の間に出御して、上段にて向き合って対面した。二条が「将軍宣下相済み、珍重《ちんちょう》」と述べ、近衛が「転任相済み、目出度《めでた》し」と述べると、将軍は何れも黙礼《もくれい》であった。ここで『甲子夜話』では、「或《あ》る人曰《いわ》く」と断って加筆され、二条が「今度、先蹤《せんしょう》の如《ごと》く大樹《たいじゅ》（将軍）宣下、特《まこと》に祝歓の至り」と述べたのに対して、将軍が「畏《かしこま》り満足」と答えており、近衛が「今般左大臣へ直任せられ、一段の嘉儀」と述べたのに対して、将軍が同じく「畏り満足」と答えている。当然、将軍からの言葉は短いわけで、左大臣・内大臣の公家に対しては同様の受け答えがなされたことが確認できる。

将軍と同じ上段の間に座した日光門跡《もんぜき》（輪王寺宮《りんのうじのみや》）に対して、将軍は敬語を用いて自らと同格に扱ったようだが、それに対しては左大臣・内大臣の公家とはいえども、やや短い言葉が用いられている印象である。

公家饗応と町入能

前述したが、下向した年頭勅使の公式日程の中には、江戸城でおこなわれる公家饗応《きょうおう》御能があった。公家に対する御馳走として、共同飲食をともなう儀式であった。

能	管	鞠	隅	浜	下向理由
			○		御見舞
			○		御見舞（駿府，江戸）
			○		日光社参
○		○			紅葉山東照社正遷宮参拝法会
○			○		年頭勅使，日光山東照宮法会
※					秀忠三回忌
※					日光山法会，本城火後新造御移徙
※					家綱誕生祝賀
※					年頭勅使，家綱の元服，正二位任官
※					公卿饗応
※					御神忌
※					家光任征夷大将軍
※					日光社参
○	○	○			霊元天皇の即位
○	○				年頭勅使，日光山法会
○			○		豊国社再建の申請
○		○			年頭勅使
			○		年頭勅使
○			○		年頭勅使
○			○		年頭勅使
○				○	
※					年頭勅使，家宣将軍宣下，任内大臣
○		○			年頭勅使

表3　江戸在府中の公家の動向一覧

No.	着府年月	将軍	下向した公家
1	慶長12. 正	秀忠	近衛信尹
2	慶長18. 4	秀忠	西洞院時慶，六条有広
3	元和 3. 5	秀忠	冷泉為満，小槻孝亮
4	元和 4. 4	秀忠	*広橋兼勝，三条西実条
5	元和 8. 3	秀忠	*広橋兼勝，三条西実条
6	寛永11. 正	家光	ﾁ三条実秀，ｲ勧修寺経広
7	寛永17. 4	家光	ﾁ中院通村，ｲ藪嗣良
8	寛永18. 9	秀忠	ﾁ今出川経季，ｲ飛鳥井雅宣
9	正保 2. 4	家光	*今出川経季，飛鳥井雅宣
10	正保 2. 閏5	家光	勧修寺経広，広橋兼賢
11	慶安元. 5	家光	*今出川経季，飛鳥井雅宣
12	慶安 4. 8	家綱	一条教良
13	寛文 3. 5	家綱	*勧修寺経広，飛鳥井雅章
14	寛文 3. 9	家綱	*勧修寺経広，飛鳥井雅章
15	寛文 5. 3	家綱	*勧修寺経広，飛鳥井雅章
16	寛文 5. 11	家綱	二条康道
17	寛文 7. 3	家綱	*飛鳥井雅章，正親町実豊
18	寛文13. 3	家綱	*日野弘資，中院通茂
19	延宝 4. 3	家綱	*花山院定誠，千種有能
20	延宝 7. 4	家綱	*花山院定誠，千種有能
21	宝永 3. 3	綱吉	近衛基熙
22	宝永 6. 4	家宣	*高野保春，庭田重条
23	宝永 7. 3	家宣	*高野保春，庭田重条

能	管	鞠	隅	浜	下向理由
○				○	儀礼上の助言（正徳2年まで滞留）
○				○	綱重に太政大臣を贈る
○				○	年頭勅使
※				○	年頭勅使，家継将軍宣下，任内大臣
※					御神忌
※					年頭勅使，吉宗将軍宣下，任大納言
○		○			
※					年頭勅使，家重元服任大納言
○			○		年頭勅使
○			○		年頭勅使
※					年頭勅使，吉宗転任，家治元服大礼
※					家重将軍宣下，任内大臣
○		○			年頭勅使
○		○			年頭勅使
※					年頭勅使，家重・家治転兼任
※					家治の将軍宣下，任内大臣転兼任
○	○				年頭勅使，日光社参
※					年頭勅使，若君加冠
※					年頭勅使，家治右大臣へ転任
※					年頭勅使，家斉加冠叙任
※					家斉将軍宣下，任内大臣転任
※					年頭勅使，家慶元服任権大納言
○	○	○			年頭勅使，日光法会
※					家斉任右大臣，家慶任兼任右大将

No.	着府年月	将軍	下向した公家
24	宝永 7.4	家宣	近衛基熙
25	宝永 7.9	家宣	久我通誠
26	正徳元.3	家宣	*高野保春，庭田重条
27	正徳 3.3	家継	*徳大寺公全，庭田重条
28	正徳 5.5	家継	妙法院門跡，青蓮院門跡
29	享保元.8	吉宗	*徳大寺公全，庭田重条
30	享保 3.9	吉宗	近衛家久，正親町公通
31	享保10.4	吉宗	*中院通躬，中山兼親
32	享保20.4	吉宗	*葉室頼胤，冷泉為久
33	元文 5.3	吉宗	*葉室頼胤，冷泉為久
34	寛保元.7	吉宗	*葉室頼胤，冷泉為久
35	延享 2.10	吉宗	*久我通兄，葉室頼胤
36	延享 3.4	家重	*久我通兄，葉室頼胤
37	寛延 2.3	家重	*久我通兄，葉室頼胤
38	宝暦10.正	家重	*柳原光綱，広橋兼胤
39	宝暦10.8	家重	*柳原光綱，広橋兼胤
40	明和 2.3	家重	*広橋兼胤，姉小路公文
41	明和 5.5	家重	*広橋兼胤，姉小路公文
42	安永 9.8	家重	*油小路隆前，久我信通
43	天明 2.4	家重	*油小路隆前，久我信通
44	天明 7.4	家重	*油小路隆前，久我信通
45	寛政 9.2	家斉	*勧修寺経逸，千種有政
46	文化12.3	家斉	*六条有庸，山科忠言
47	文化13.4	家斉	*六条有庸，山科忠言

能	管	鞠	隅	浜	下向理由
※					家斉任従一位左大臣ほか
○	○				年頭勅使，天皇水痘酒湯祝
※					家斉任太政大臣，家慶任従一位
○	○				年頭勅使，家定元服任権大納言
※					家慶将軍宣下，任内大臣転兼任
○				○	年頭勅使
○			○		年頭勅使
※					家定将軍宣下
※					家茂将軍宣下
※					年頭勅使，家茂婚礼
○				○	慶喜・慶永登用の勅諚を伝える

チは勅使，イは院使，フは副遣を表す．
覧，隅は隅田川遊覧，浜は浜御殿遊覧を表す．

江戸初期においては、慶長十六年（一六一一）十月に山科言緒《やましなときお》・舟橋《ふなはし》秀賢《ひでかた》・冷泉為満《れいぜいためみつ》が下向した際におこなわれた饗応猿楽能が早い事例だが、必ずしも公家の饗宴に猿楽がともなわない場合もあり、饗応猿楽が恒例となっていったのは寛永期（一六二四〜四四）以降と考えられる。

ひとつ興味深いのは、右の馳走能とともに、将軍宣下や転任・兼任など大礼の場合に開かれる祝儀能というものもあり、江戸城本丸の表向において、江戸町人にも拝見を許した町入能《まちいりのう》が挙行されることがあった。町入能としては慶長十二年正月の江戸城移徙《いし》祝賀の事例が最も早いが、

No.	着府年月	将軍	下向した公家
48	文政 5. 3	家斉	＊広橋胤定，山科忠言
49	文政 6. 2	家斉	＊広橋胤定，甘露寺国長
50	文政10. 3	家斉	＊広橋胤定，甘露寺国長
51	文政11. 4	家斉	＊甘露寺国長，徳大寺実堅
52	天保 8. 8	家慶	ﾁ花山院家厚，ｲ万里小路正房
53	天保13. 2	家慶	＊徳大寺実堅，坊城俊明
54	天保14. 8	家慶	＊徳大寺実堅，坊城俊明
55	嘉永 6. 11	家慶	＊三条実万，坊城俊明
56	安政 5. 12	家慶	＊広橋光成，万里小路正房
57	文久 2. 2	家定	＊広橋光成，坊城俊克
58	文久 2. 6	家茂	ﾁ大原重徳

（注1）　主に『徳川実紀』『続徳川実紀』をもとに作成．
（注2）　「下向した公家」の＊は，武家伝奏（勅使）を意味し，
（注3）　能は猿楽能，※は町入能，管は管弦御覧，鞠は蹴鞠御

公家饗応の猿楽能の最も早い事例は同十六年十月で、公家を迎えた町入能の最も早い事例としては、家光の時代、寛永十一年（一六三四）正月の秀忠三回忌の時である。その後、吉宗《よしむね》〜家斉《いえなり》の時期にはかなり頻繁におこなわれ、文久二年（一八六二）二月の徳川家茂《いえもち》婚礼祝儀能まで継続して開催された。

『徳川実紀』『続徳川実紀』の記述をもとに、江戸に下向した公家の動向をまとめたものが表3である。表3は、江戸城でおこなわれた饗応猿楽能（町入能には※を付す）、管弦《かんげん》御覧、蹴鞠《けまり》御覧が開催されたものに○を付け、隅田川遊覧、浜御殿遊覧が

図９　町入能図（楊洲周延画，明治22年〈1889〉，能楽研究所所蔵）

あった場合にも○を付けたものである。特段の傾向がみられるわけではないが、将軍宣下や将軍の昇任などのケースでは、公家饗応御能が開催されるだけでなく、町入能として開催されていることが多い。

延宝八年（一六八〇）八月の綱吉の将軍宣下の場合、通常であれば公家饗応猿楽能が開催されるところ、「（後水尾）法皇御不予のよし聞えければ、其事をとどめらる」（『徳川実紀』五）などと記されるように、中止となることもあった。

文政十年（一八二七）三月に開催された町入能の場合を具体的にみてみよう。町入能は朝・昼の二番制をとり、一番から五番までに割り振られた。一番入の者は、明け方四時に下馬の広場に集合し、「壱番　御能拝見　浅草旅籠《はたご》町」などと書いた幟《のぼり》をたて、六時に門入となる。見物の際には江戸町奉行より、青銅一貫文《かんもん》ずつ、御酒《みき》（錫瓶子《すずへいじ》入り）・紙に包まれた菓子が振る舞われた。一町数人から七十人ほどの割合で朝五番に二千五百五十一人、昼五番に二千五百六十七人、総計五千百十八人が見物した（『甲子夜話』続―一）。

松浦静山は、この様子について、「大勢での見物ということで、特に幼児の場合、座っては見ることができないので、親か兄かが肩車をするが、（祝儀ということで着付けた）長袴が左右に垂れ、立ちながら見物するので、目付が見咎めて叱責して腰を屈めさせるが、暫くしてまた元に戻る始末であった。（中略）大半の人は、慣れない長袴の裾をまくって足を顕わにして殿上を歩く様は、さながら水中を渉るが如くであった」（『甲子夜話』三―四十五）、「町人であれば、言動は控えめにすべきであるが、到底そのようにはならず、群れて喧《やかま》しいことこの上ないので、江戸町奉行が縁側に出て、将軍の御命を大声で告げて、町人どもよく聴けと申し渡せば、諸人も拝伏して鎮まった。これぞご威光というべきものである。（中略）町人らは不行儀のおこないではあるが、祝儀の時なので、下々が随意に観楽を許される場面であり、太平の世の将軍恩賜の祝典である」（『甲子夜話』続―十一）などと書き留めている。

場所が江戸城内であることをわきまえない町人たちの言動が実に愉快だが、少なくとも幕府側の意図としては、将軍家の大礼を町人にも知らしめ、その権威を大いに示す機会であった。町入能が民衆を将軍の儀礼的行事に参加させ、その存在を意識させえたことが指摘されており（久留島浩「近世における祭りの「周辺」」）、また町入能の開口（脇能における当代賛美の謡）が幕府の「仁政」や武威を表明するもので、演目では徳川家の繁栄や儒教思想に基づく君臣関係が述べられるものが選ばれ、徳川の支配の正当性が強調されていたことも指摘されている（川上真理「江戸城町入能の開口・演目と秩序」）。

いずれにせよ、上壇に将軍、中・下壇に江戸参向の公家や諸大名が居並び、町人が白州に座って、ともに猿楽能を見物するという有り様は、さながら国家的な一大行事として演出されたものといえよう。

「わざ」を披露する

公卿の「わざ」

江戸に下向した公家は、諸礼をおこない贈答品を交換しあって、幕府の饗応《きょうおう》を受けるだけでなく、将軍からの「公卿《くぎょう》のわざをきこしめされんと」（『徳川実紀』十、明和二年〈一七六五〉五月九日条）という要望で、江戸城内で自己の家芸を披露《ひろう》することがあった。

『徳川実紀』『続徳川実紀』に記録されているものは、蹴鞠《けまり》と管弦《かんげん》が主であるが、慶長十九年（一六一四）の管弦をはじめとして幕末まで、下向の公家は自己の家芸を生かしながら、江戸城において蹴鞠や管弦奏楽を披露した。先の表3からも、何度か開催されたことがわかる。

和歌の分野では、すでに家康《いえやす》の時代に冷泉為満《れいぜいためみつ》が和歌のことを垂問されていたが、将軍家光《いえみつ》の場合、「関東の者どもに仰せ。志あるものはこの卿に就て和歌をも学ばしめらる」（『徳川実紀』三）と記されているように、将軍が優待していた烏丸光広《からすまるみつひろ》を武家の歌道の師と仰がせている。

吉宗《よしむね》が将軍に就任すると、こうした姿勢がいっそう積極的にすすめられ、吉宗の、幕臣と冷泉家との緊密な関係を奨励する政策は、当該期の江戸冷泉門の発展につながったと評価されている（久保田啓一『近世冷泉派歌壇の研究』）。

特に将軍吉宗の場合、「年来公家の門下となることを望んでいるとのことが将軍のお耳に入り、享保五年（一七二〇）の冬の法事により、冷泉為綱《ためつな》が江戸に下向となった際に、将軍の近習《きんじゅう》らに仰せがあり、為綱の門弟となるように誓わせよとの命で、礼物など細かいところまでこまやかに上役に命じて青銅五百疋、肴物《こうぶつ》一合賜ったという。有難いことである。江戸滞在中、為綱に付いて、時折り教誡をも伺ったという」（『我衣《わがころも》』）などと記録されており、将軍近侍で、儒者・奥坊主組頭《おくぼうずくみがしら》・御同朋《どうぼう》格御書物預などを務めた幕臣成島《なるしま》信遍《のぶゆき》をして江戸冷泉門に入門させていた。

この点については、「成島信遍をはじめ、冷泉門に入るべきとの内命を受けた者が多くいた。特に成島は常に伝奏屋敷に出向き、親しく近づいて歌道について将軍の下問を取り次いだ」（『徳川実紀』九）と記されている。また、将軍家斉《いえなり》なども冷泉為泰《ためやす》に和歌の添削などを受けていた（『続徳川実紀』一）。

家元としての「わざ」の承認

諸家の家業が家元として認知されるには、公儀権力によってその正当性を保証されることも必要であった。例えば、蹴鞠の場合、江戸初期に家元をめぐって争論が起きていた。

寛文三年（一六六三）勅使《ちょくし》として下向した武家伝奏《ぶけてんそう》飛鳥井雅章《あすかいまさあき》は、冷泉為清《ためきよ》が蹴鞠を家業とする主張に対して異議を唱えて、老中酒井忠清《さかいただきよ》らを通じて将軍徳川家綱《いえつな》に奏上し、雅章としては、先祖代々、勅書や武家の文書を請けていることから、将軍の判物《はんもつ》を下賜されることを希望した。

慶長十三年（一六〇八）七月と寛永十六年（一六三九）五月の二度、すでに飛鳥井家が鞠道《きくどう》の判物を将軍秀忠《ひでただ》と家光より下賜されていたことがあるが（『徳川実紀』一・三）、寛文三年秋、難波宗量《なんばむねかず》とともに再び江戸へ下った時に、「蹴鞠道の儀、勅書並びに代々の証文が有ることから、飛鳥井家三代が蹴鞠の証文を受けたことに相違ない」という飛鳥井宛ての将軍徳川家綱の判物が下された。雅章は老中に「年来の大望今日相達《あいたっ》し、喜悦の至り、謝す所を知らず」と感謝の意を伝え、将軍に対して御礼として鞠装束一具を献上した。

しかし、争論はこれで終わったわけではなく、翌四年五月の春に下向した雅章は、事件が未解決であり、糾明を求めたことから、幕府は、冷泉家に蹴鞠についての証文がないこ

図10　江戸城内の蹴鞠図（楊洲周延画「千代田之御表　蹴鞠」，明治30年〈1897〉刊，東京都立中央図書館所蔵）

とから冷泉家の過失を糺《ただ》し、これによって同年七月に鞠道は飛鳥井一家の家業であることが伝えられた（『徳川実紀』四）。

飛鳥井家は、蹴鞠の家元になることにより、冠懸《かけ》緒《お》（冠を押さえるために掛緒を頤《あご》で結ぶこと）の免許、蹴鞠の入門・昇進にともなう色目（装束《しょうぞく》、沓《くつ》、扇類など）や蹴鞠場の設置（鞠庭に植える懸《かかり》の木の種類）の免許、破門などに関する権限が認められ、その経済的収入が保証された。

これに対して、家の成立事情から本家であったが、南北朝期に一度中絶し、江戸初期に再興された難波家から、しばしば蹴鞠を家元とする訴えが展開し、十八世紀初めには、幕府から仲裁があり、「今後京都並びに諸国の門弟に免許をする時には、すべて両家で申し合わせのうえで、これをおこなうこと」となった（渡辺融「蹴鞠の展開についての一考察」）。

すでに蹴鞠の「わざ」の披露は表3に示しているが、例えば、寛文三年十月朔日には江戸城の白書院の中庭において、将軍家綱の蹴鞠上覧がおこなわれている。垂簾《すいれん》したうえで下段に上畳を敷いて家綱が座し、衝立《ついたて》を立てて諸役人が侍座した。庭には鞠場《まりば》が設けられ、四隅に松の木が植えられた（本来は四季を表す松・桜・柳・楓の式木《しきぼく》を植える）。そして飛井雅章が朽葉《くちば》の狩衣《かりぎぬ》に萌黄《もえぎ》の葛袴《くずばかま》を着し西の松の下に立ち、難波宗量が紫金佐紋紗の狩衣に同色の葛袴を着して南の松の下に立った。飛鳥井の家司《けいし》が枝につけた鞠を鞠場に運び（枝鞠《えだまり》）、これを場内に置き（置鞠《おきまり》）、枝から解きはなすという儀式をおこなった後、飛鳥井が中央において上鞠《あげまり》を始めると、家司たちも加わって蹴鞠の披露がなされた（『徳川実紀』四）。

衣紋会の組合組織

家元に入門することは、必ずしも公家の江戸下向時に限るものではないが、家元の組織が幅広く活動し、家職を社会に広く浸透させる役割を果たすケースがみられる。以下、衣紋《えもん》の観点から公家とその社会との関わりについて言及したい。

江戸初期には武芸を第一に誇っていた武士たちは、次第に儀礼を重視する時代に入ると、幕府が積極的に立ち居振る舞いに気をつけさせ、様々な機会に適切な装束を身に着けることが求められた。十八世紀後半に津村正恭《つむらまさやす》の記した『譚海《たんかい》』には、次のようなことが記され、装束を正してくれる衣紋を司る人材が武家社会にとって幅広く必要なものとなってきたことがわかる。

所司代《しょしだい》・禁裏附《きんりづき》の武家が上洛の初め、第一に束帯に難儀するので、装束付ということで非蔵人か北面衆より助けを頼む。宮中へ参内の度ごとに装束の手伝いをしてもらい、その度ごとに謝礼の目録を使わすので、自ら装束を着けて出仕するが、帯は緩み衣服は乱れて赤面となる有り様である。このため帯を固く結んで落ちぬようにすれば、腹腰は息苦しいものとなり、頼りになる者にお願いすれば、終日衣は乱れず平静を保つことができる。延享年中（一七四四〜四八）、江戸で法華八講御法事が催される時、諸大名がみな束帯にて詰めることになり、別用にて下向した公家衆の拝見を許され出仕した際、武家の束帯とは雲泥の差で、公家装束は優美であった。

十八世紀前半には、「侍従以上は直垂《ひたたれ》、四位は狩衣、諸大夫は大紋、六位は布衣《ほい》」など、武家が授かる位階に比して装束が固定されることになり、各人が官位や家の格式に応じた装束を着して儀式に臨むことで、その身分の高下を意識するものとなった。すなわち、儀礼上の着服が身分秩序を可視化し、ひいてはそれが将軍権威を誇示する働きも担っていた。

このため高倉家の衣紋会への武家入門者数が急増していくこととなり、当然、衣紋の実践的担い手は高倉当主一人に限ることなく、多くの武士の入門を通じて門弟らが担うことになった。このため、高倉家当主の江戸下向の際や、門弟が上京して稽古をした際に入門することや、親の後を継いで入門する継目入門などがあった。

そして、衣紋の組織や活動が盛んになると衣紋の稽古がおこなわれていき、組合を基盤にして展開していった。また、江戸において京都の高倉家との連絡調整を担っていたのが会頭《かいとう》と呼ばれる者たちで、彼らを拠点に門弟となった武士らを統率していた。十八世紀前半には七つの組合が地域的に結成された。会頭の定期的な寄合を開き、新規の入門者の取扱いを決定していた。

衣紋会の組織と活動を研究した先業によれば、十九世紀前半に高倉家が「衣紋道」という言葉を使っていることは、衣紋を形式的なものではなく、威儀を正すという精神がもつ作法の道として「衣紋道」を自覚していたことを指摘している（井上容子「衣紋会の組織と活動について」）。

宮廷の楽人

すでに述べたように、江戸に下向した公家たちは、蹴鞠や和歌などの「わざ」を披露したが、もう一つ管弦奏楽の披露をする場面が何度かあった。

時代を遡《さかのぼ》るが、天正年間（一五七三〜九二）、宮中に仕えた雅楽集団として、宮廷直属の

画像提供：東京都江戸東京博物館 / DNPartcom）

京都方、興福寺所属の南都方、四天王寺所属の天王寺方の各楽人から成る三方楽所《さんぽうらくそ》が形成され、合同した奏演体制が築かれた。この三方楽所全体を統括する楽所奉行を務めたのが公家の四辻《よつつじ》家である。四辻家は箏《そう》と和琴《わごん》を家業とする公家（羽林《うりん》家）で、地下《じげ》である三方楽人の官位や受領についての執奏《しっそう》を担った。

　江戸時代初期の三方楽人の扶持米《ふちまい》は三十八家合わせても二百五十一石と貧弱であった。しかし、寛永十九年（一六四二）に東儀筑後《とうぎちくご》らに稟《りん》米《まい》八十石、月俸十五口ずつなど俸禄の支給が始められ、寛文五年（一六六五）の家康の五十回忌法要にあたり三方楽人五十七名が江戸に下向し、江戸城の白書院で舞楽を演じた後、禄米支給の命が下った。そして翌年に楽所領として二千石が宛行《あてが》われることとなり、舞楽《ぶがく》が家業とし

図11　江戸城大広間管弦之図（東京都江戸東京博物館所蔵，

て位置づけられた（『徳川実紀』三）。地下官人の知行が五石以下程度であったことに比べれば、格段に優遇されていた。

幕初の慶長八年（一六〇三）に多忠雄《おおのただお》が記した文書「禁裏様楽人衆」には、三方楽人計二十四名の居所が記され、三方の楽人の在京体制が確認でき、十八世紀末～十九世紀前半には男女合わせて二百七十人前後であった（西山松之助『家元の研究』）。

豊臣政権期には踏歌節会《とうかのせちえ》や舞御覧などの朝廷儀礼のほか、東山大仏や豊国社《とよくにしゃ》での楽儀に動員されていたが、大坂の陣後、豊国社が破却されると、日光東照社《とうしょうしゃ》をはじめ将軍家の祭祀や法会に動員されることとなった。寛永五年日光東照社での家康十三回忌で舞楽が演じられるとともに、江戸城で舞楽上覧がおこなわれ、奏楽や舞を通じて将軍の楽人としての役割を果たしたことがわかる。

つまり、三方楽人が朝廷における節会参勤などの朝儀を務める一方で、幕府は将軍家代々の法会や朝鮮人来聘《らいへい》などの場において舞楽を担う「役者」として位置づけて京都から下向させ、寺社奉行の支配を受けた。「禁裏東武並寺社舞楽之記」によれば、江戸時代を通じて三方楽人が江戸に下向したのは四十一回にのぼった。中でも、延享二年（一七四五）三月に催された徳川家康百三十回忌にともなう紅葉山法華八講では、薗《その》家、林《はやし》家、東儀《とうぎ》家、岡《おか》家ら四十五人の楽人が下向し（『四天王寺舞楽之記』）、将軍上覧においては、「振鉾《えんぶ》」から始まって六つの番舞《つがいまい》、「陵王《りようおう》」「納曽利《なそり》」による走舞《はしりまい》で「長慶子《ちようげいし》」に至る構成が執りおこなわれた（出口実紀「天王寺方楽人の江戸参仕について」）。

また、文政期（一八一八〜三〇）には、一時的に楽所の楽が必要とされ、楽所惣代三人に対して、年頭挨拶に登城する際に舞楽をおこなうことが課せられ、江戸での奏楽の際の楽器の世話役として、楽器師が江戸に下向し、かつ江戸に居住することもあった（小川朝子「楽人」）。こうした動きに前後して、寛政期（一七八九〜一八〇二）以降、豊原《とよはら》家（笙《しよう》）・安倍《あべ》家（篳篥《ひちりき》）・山井《やまい》家（笛）といった楽家から下級楽人の家々に至るまで、多くの門人を抱える家元になっていった。

文政十一年（一八一四）、徳川家定《いえさだ》の元服と正二位大納言昇進の祝いとして年頭勅使が下向し、その際には江戸城大広間にて管弦御聴聞がおこなわれた。将軍家斉が上段に着座すると、公卿らが下段の左右に列座し、楽人らは落縁《おちえん》に列居した。四辻公説《きんこと》が和琴、綾《あやの》小路《こうじ》俊資《としすけ》が歌、今出川《いまでがわ》公久《きんひさ》が琵琶《びわ》、綾小路有長《ありなが》・持明院《じみょういん》基延《もとのぶ》が歌、花園《はなぞの》実路《みのみち》が琵琶などを担当し、舞楽は「安名尊《あなとうと》」「鳥破《とりのは》」から「万歳楽《まんざいらく》」までの八つが披露された。

文政期は、家斉の実父に対して、文政三年に従一位、同八年に准大臣、同十一年に内大臣、同十二年に太政大臣といった極端な官位上昇がなされ、家斉自らも同十年に太政大臣に任官したことで知られ、まさに朝廷の権威を用いて将軍家を荘厳する動きが強まった。そうした中にあって、楽所の役割も大きくなった。

ちなみに近代に入ると、三方楽所の楽人は東京へ移り、幕府の紅葉山楽人と合流して宮内省雅楽部に編成され、現在は宮内庁式部職楽部として活動している。

江戸に遊び・暮らし、交流する

法度を守り旅をする

旅立ちの準備

江戸に下向する公家たちは、事前にどのような準備をしていたのだろうか。天和三年（一六八三）に江戸へ下向した今出川公規《いまでがわきんのり》の場合でみてみたい。公規は、「天和三年上下道中幷《ならびに》江戸覚書幷諸事上京之時事」（「菊亭《きくてい》文庫」）という記録で、江戸下向にあたっての規定を箇条書きに残している。

この記録には、江戸までの道中朱印と船川証文を武家伝奏《ぶけてんそう》を通じて申請し、京都所司代《しょしだい》から発行してもらい、出発にあたり所司代や武家伝奏、禁裏附《きんりづき》へそれぞれ使者を遣わすこと、出発前に武家伝奏に相談をして二条城に参ること、道中において立ち寄り先がある場合には事前に武家伝奏を通して許可を得ること、人足の事は京都代官へ依頼し、馬の事は馬借《ばしゃく》に依頼すること、幕府役人に対しての贈答はもちろんのこと、御馳走人《ごちそうにん》に対しても付け届けはしないこと、宿泊先については、官位の順序に従い、銘々で手配をおこなうこと、などが記されている。このように、事前の朱印・証文や発足時の挨拶、馬や宿泊先の手配など、現代の私たちの出張と同様な諸手続きを規定に基づいておこなっていたことがわかる。

道中法度

公規の記録には、旅の道中での取り決めも箇条書きに記している。これによれば、道中では五時過ぎには出立し、川渡しの前に忙《せわ》しく行動するようなことは避けること、道中で城下より便りがあり、使者が対顔を求めても面会せず、江戸または道中においても使いを出すことはしないこと、桑名で船に乗る際は、船頭に樽一つ、魚一種を下賜《かし》すること、道中では松明《たいまつ》を使うことなく提灯《ちょうちん》を用意すること、道中各所で馳走の騎馬侍に会った場合、輿《こし》を立てず御簾《みす》のみ上げて供のうちより会釈すること、ただし先導する杖つきの者の場合、御簾を上げず、供の者が会釈するにとどめること、道中で馬下の衆には付け届けの見舞いは無用で、格別の用事がある時は互いに返事をすること、宮宿では朱印のみ見せることとし、証文は見せないこと、侍には青銅五十疋《びき》、中間《ちゅうげん》には三十疋ずつを下賜すること、道中の休息所・宿泊所の亭主が迎えに出た際には、輿の戸を開けることはせず、近習の者が挨拶をすること、船川渡《わたし》や関所前では、家臣のうちの二人が先に参り輿近くに付き従い、家臣らが協働して事に当たることなど、多くの決まりごとに従って旅程をこなしていたことがわかる。

しかし、そうした規定を設けていても、武士や町人、百姓など様々な異なる身分の者との接点を生じる旅先では、非日常の環境のもと、様々なトラブルに遭遇する。そこで、そうしたトラブルに対処するべく道中法度が設定されていた。

延宝九年（一六八一）八月、四代家綱《いえつな》から五代綱吉《つなよし》に将軍代替の御礼として中院通茂《なかのいんみちもち》が下向した際の日記（「中院通茂備忘録」）には、「江戸道中御法度書事《ごはっとがきこと》」を書き付け、道中の宿の人馬や船川渡場での口論や暴力をおこなわないこと、未明に出立し夜に宿に入る時も松明を使用しないこと、博奕《ばくち》・遊女は堅く禁じること、道中では諸事慎み神妙に務めて供の者にも申し付けること、火の用心のことなどの規定がみられ、公家の江戸下向に対して、公家としての品格を損なわないように、建前では江戸幕府が目を光らせていたわけである（拙著『近世の公家社会と幕府』）。

また延宝八年七月、五代将軍綱吉の将軍宣下《せんげ》に関わり近衛基熙《このえもとひろ》が江戸に下向した際に記した日記（「基熙公記」）を繙《ひもと》くと、江戸への道中法度が記されている。それによると、道中において不心得がないように、馬方・船頭・人足らに我が侭を言い、喧嘩・口論などないようにし、もし人足らが無礼に及んでも堪え忍ぶこと、道中の宿泊先で博奕や遊女に関わる行為に及ばないこと、酒は控え、火の元に気をつけること、道中の宿泊先から離れ、脇宿へ泊まることはせず、まして茶屋などで浪費をしないことなどが規定され、道中の公家に対しては、宿泊地や外出について、法度が制定され制限が加えられていた。

江戸逗留中の法度

近衛基熙が記した日記には、「今度江戸御下向道中 幷《ならびに》 江戸御逗留中御法度」と題する江戸逗留中の法度が掲げられている。

そこには「江戸御逗留中、御用のほか、個人的に門外へ出るべからず、行儀不作法これ無きように慎み申すべきこと」「御馳走人の家来衆は上下によらず不当な行為をしないこと、ならびに御馳走人に対して挨拶の励行のほか、世間の雑談をしないこと、まして酒宴に及ばないこと」などと触れられている（『基熙公記』延宝八年〈一六八〇〉七月七日条）。

このように、道中だけでなく江戸逗留中の公家に対しては、宿泊地や外出について法度が制定されていた。つまり江戸に下向した公家たちに対しては、私用での外出に規制がかけられており、朝廷からの使節としての品格を保ち、一方では饗応《きょうおう》にあたる大名（御馳走人）の家来衆に礼儀を失しないことや、公家側が雑談に応じたり、酒席を設けないなど、公武双方で無用なトラブルを生じないように気を配っていたことが窺える。

先に引用した今出川公規の記録をもとに、江戸逗留中の規定をさらにみてみたい。

そこでは、伝奏屋敷に着いた後、老中・若年寄・高家《こうけ》へ案内の使いを遣わし、高家より御馳走人へ相談すること、御馳走人や賄方《まかないかた》、茶道賄頭、御馳走人家老らが挨拶に来るので面会をすること、将軍からの上使が来た時には、老中・若年寄・大沢《おおさわ》ら三名の高家へ使者をもって御礼を申し入れること、老中の御見廻の時は使者をもって御礼を申し入れること、上使が来て酒肴を下された時は老中・若年寄・大沢ら高家そのほか上使へ使者をもって御礼を申し入れること、上使が来て饗応猿楽能の開催が伝えられた時は老中・若年寄・高家そのほか上使へ使者を遣わすこと、江戸城御能と御暇《おいとま》の時は伝奏屋敷へ参集をして高家衆の誘導に委ねること、乗物の下乗は吉良《きら》・大沢・畠山《はたけやま》ら高家に尋ねるか、または御馳走人に尋ねること、御能と御暇の日は伝奏屋敷へ公家・門跡は参集すること、などが規定されている。

公規はこのほかにも献上物や寛永寺・増上寺参詣、江戸発足のことなどにも細かな規定があったことを書き留めており、江戸城登城にあたっての儀礼も事細かに決められていたことがわかる。

留守を預かる覚悟Q＆A

当主の江戸下向にともない、留守を預かる公家家臣らとの間で、どのような取り決めがなされていただろうか。天保八年（一八三七）秋に江戸に下向した近衛家の場合をみてみたい。

諸大夫斎藤叙胤《さいとうのぶたね》はじめ六位侍・近習・青侍《あおざむらい》・茶道・仕丁頭《しちょうがしら》など四十六名が留守を任されているが、当主近衛忠熙《ただひろ》に対して事前に伺いを立てて諸事の確認をおこなっている。

今でいえばQ＆Aというところだが、「御参向御留守中覚悟」と題して質問と回答を記録している（「近衛家御東行御留守中日記」）。

例を挙げれば、「御所方御機嫌御伺の節《せつ》御名代《みょうだい》、（広幡）基豊卿、（広橋）光成卿、御両人に候はんや」という問いに対して「先《ま》ず光成《みつしげ》卿然《しか》るべく候《そうろう》、しかし念を入れ候、所労の儀に候得共《そうらえども》、未だ出仕《しゅっし》これ無く候はば、基豊《もととよ》卿・（万里小路）建房卿御両人御頼み仰せ入れられ候事」と答えが記されているように、禁裏への御機嫌伺いの代理を誰に頼むかを問い、まずは広橋《ひろはし》光成に頼み、所労の場合もあるので、広幡《ひろはた》基豊・万里小路《までのこうじ》建房《たけふさ》の両者にお願いをするように指示していた。

そして、「御世話卿、光成卿に候はんや」という問いには「光成卿所労に候はば、建房卿然るべき旨命ぜらる」という答えが記され、留守中の御世話掛の公卿が設定されている。また、「臨時口向《くちむき》替の義は重き儀は御当職、少時は御世話卿に御相談にて然るべきや、尤《もっと》もその節は宮様へ言上に及び取り斗らい申すべきや」と伺い、「この通り然るべく候、しかし宮様へ言上に及ばず候事」と答えており、臨時の口向（勝手向）の変更は重事なので当主に、些細なことは御世話掛に相談をするとし、宮様（忠煕の妹、伏見宮貞敬《ふしみのみやさだよし》親王娘）への相談は必要ないとしている。

このように、留守番のマニュアルを作成し、留守を預かる者としての判断や措置を確認していたのである。さらに、御用部屋への「御留守中被仰渡書《おおせわたさるるしょ》」というものが出されている。

この「被仰渡書」によると、留守を預かる諸大夫はじめ家司《けいし》四十六名に対して、火の用心、殿中の奥・表すべてにわたり心得ること、留守中は家臣一同で申し合わせ油断なく勤めること、平日はもちろん非常時は尚更油断なく勤め、すべて諸大夫へ相談のうえ取り計ること、進物方の仮役は特に置かないので納戸方《なんどかた》仮役が兼任すること、召金方御屏風兼仮役を置くので土蔵鍵を預って申し合わせて勤めること、御側衆はこれまで日勤であったが、今回は隔日勤務とするので、二番で申し合わせて火の用心や御側向きを万事取締り、見廻りを怠らないこと、などが規定されている。

このほか、人手不足の時には加勢を一日おきに配置することや、茶道で人手不足の際には毎日勤務として若輩の者が多いことから年配者の指示に従うこと、宮様が本殿に逗留していることから配慮すること、宮様は今出川家に御世話を頼み、近衛豊子《とよこ》（広幡基豊の娘）は広幡家に頼んで近習二名が、幼君は御供近習一人が、それぞれ御世話を勤めること、御門は午後六時に閉めること、御側衆執次のうち一人が仕丁頭を連れて毎夜二度にわたり鎮守と文庫周辺を見廻ること、若輩の者が庭の池で猥《みだり》に船に乗るなどは厳禁としているので年輩の者が注意すること、などを当該関係者に対して規定していた。

以上のように、当主の江戸下向にともなう長期不在に対処するために、家臣へのマニュアルを作成し、あわせて命令書も作成して布達していたことがわかる。

江戸への旅路

『光台一覧』には、「禁中方よりの進物、諸家の格式にそった進物、御朱印箱に続いて道幅狭しと荷物が繰り出されるが、道中は伝馬を仕立てて十三日で到着する。（中略）宿次は宿泊先や休息先まで問屋が馬借によって送り届け、破損や間違いの無いように大切に送迎をおこなう」と記されており、禁中からの進物や各家で揃えた進物など多くの荷物を抱えた行列となり、十三日間の下向予定を組んで、宿泊の確保と伝馬の手配をおこなわねばならなかった。

ここで、延宝三年（一六七五）に東叡山《とうえいざん》法事につき本院使として下向した今出川公規の記録「延宝三年道中覚書」（「菊亭文庫」）をみてみよう。公規一行は四月二日に京を出発し、草津、坂下、四日市、桑名、宮、岡崎、赤坂、浜松、島田、岡部、府中、沼津、小田原、神奈川の各宿を経て、十三日に品川に着いた。

四月八日条には、「掛川宿へ入る際、先導者二名が杖をついて乗物の前を歩き、町中には藁《わら》を出して水を打つ馳走がなされている。城門の番所では番の者が姿勢を低くとっていたので、御簾を上げて会釈し、中小姓に直り下さいと伝えた。宿外れにて右の通り会釈し、中小姓に大儀の由と申した。宿場を過ぎて乗物を立てて茶を飲み、小便をした。蜩《ひぐらし》が鳴いていた」と記しており、宿駅では公規一行を迎えるための馳走がなされていたことがわかる。桑名では、松平定重《まつだいらさだしげ》からの使者や家老、船奉行が挨拶に来ており、船の馳走に当たっている。船は御座船《ござぶね》一双と供船《ともぶね》二双を仕立て、船宿の座敷前より乗船した。

同月九日条には、「安倍川《あべかわ》では公儀の代官より手配がなされ、御簾を上げて一礼し、川の瀬が四つあって、初めの瀬は水深が三つの当たりまでで、乗物川越《かわごし》は大井川の如く肩に輿を乗せて、四番目の瀬は初めの瀬と同様であった」と記し、川越人足たちによって乗物が担がれている様子が記されている。その後、三島明神へ参詣したり（同月十一日条）、小田原宿では「（同月十一日）今夜、月が良いので浜端《はた》へ出かけた。折節満ち潮の時分で、海水を汲み、波が寄せて満ちる様子は凄《すさ》まじい景色である」などと記しており、浜へ月見に出かけたりしていることがわかる。

また、これは目的を遂げた帰路ならではということもあるが、「（閏四月五日）晩の宿泊の宿は江尻《えじり》で、清見寺を一覧し、この宿は烏丸《からすまる》が代々利用する宿とのことである。宿場で一番の宿で、今後自分の定宿にするよう申し伝えた。その宿の庭の前より船に乗り、三保の松原へ見物に出かけた、（中略）途中、漁をしようと網を引かせたところ、思っていたほど魚は捕れず、スルメイカ二つ、カレイ一つが捕れた」と記しているように、江尻宿では烏丸家が代々使っている宿があり、宿場一番の宿との評判になっており、公規も定宿にしたいと伝えたようである。気に入った宿からは、船で三保松原の見物に出かけ、漁船を仕立てて漁までおこなわせていたことがわかる。

このほか往路の旅路の様相として、四月六日条には、「今日、道にはとりわけ乞食多く倒れ、天下飢饉《ききん》のゆえである。（中略）藤川宿を通り、見れば所狭しと様々に乞食多く、そのうえ町中に飢え死に倒れたる者もあり」と記し、四月十日条の吉原《よしわら》宿では、「この中も道には困窮した乞食が多く、集《たか》られぬように一銭ずつ渡すように申し付けた」と記しており、飢饉の中で飢えた民の様子がかしこで記録されている。

閏四月二日に江戸を発足する際には、御馳走人の京極高住《きょうごくたかすみ》が暇乞に来ており、帰路の神奈川宿では、「京極甲斐より飛脚にて自筆の書状が送られてきた。二種の茶を賜った。返事を遣わすにあたり書は自筆にて遣わした。今晩、江戸にて書を残して画賛の色紙とともに書き付けた」と記しており、旅路でも書状を頻繁に取り交わしていたことがわかる。

江戸入りの行列

江戸に入る公家の行列は、どのようなものであっただろうか。松浦静《まつらせい》山《ざん》は『甲子夜話《かっしやわ》』（三―四）の中で、天保八年（一八三七）に将軍宣下のための二条斉信《にじょうなりのぶ》と近衛忠煕が江戸に下向した際、自らの藩邸にほど近い川向こうの東本願寺に旅館があると聞き、家臣を遣わしてその行列を記録するように命じたうえ、故実家の松岡辰方《まつおかときかた》（または息行義《ゆきよし》）からも行列の記録を入手し、書き留めている。

図12　近衛忠熙肖像（『甲子夜話』三篇四〈東洋文庫，1983年〉より転載）

この情報をもとに、行列の配置を前列より列挙すると、小人《こびと》二人、徒士《かち》三人、長刀、諸大夫（乗輿）、若党四人、挟箱《はさみばこ》・草履取《ぞうりとり》など八人、小人二人、宰領《さいりょう》十六人、仕丁頭二人、先箱《さきばこ》二人、青侍十一人、長刀、仕丁頭、近習十人、近衛忠熙（乗物）、輿者十一人、沓《くつ》持《もち》・草履など十二人、宰領三人、仕丁頭二人、（輿台）持夫二人、宰領、雨具荷など提灯籠《さげどうろう》など七人、近習若党四人、鑓《やり》二人、草履取十人、近習十人、次用向、草履取六人、青侍茶道六人、小人二人、徒士三人、長刀、諸大夫（乗輿）、若党四人、挟箱・草履取など八人、六位侍（乗輿）、若党二人、鑓・挟箱など八人、徒士三人、長刀、医師（乗輿）、若党・草履取など十人、徒士三人、長刀、諸大夫（乗輿）、若党・草履取など二十二人、竹馬など九人、尾張《おわり》御迎後騎《ごき》、などとなっている。

右に加えて「行列左右へ御馳走方、足軽、所々へ付添有り」という付記があることから、行列の左右を御馳走人の家来が誘導・護衛にあたり、かつ尾張藩の家来によるお迎えの騎馬武者が続いたことがわかる。総体として何人の行列かを把握することが難しいが、江戸入りにあたっての行列は、摂家・大臣としての格式を示し、また将軍宣下を荘厳する、京都からの来賓として十分な威儀を整えておこなわれたことがわかる。

　松浦静山は、息煕《ひろむ》に二条斉信の容貌を写生するように伝え、家臣の画家が取り組むが、二条の面前では常に平伏をしていることから、凝視することが叶わず、煕本人としては対談に及ぶ身ではあるが絵心がなく描けなかったと記している。ただ、近衛忠煕については、見る機会があれば筆写するように家臣に命じ、隅田川遊覧の際に図12のように描かせている。

江戸に暮らす

公家の宿泊先

前章で言及した伝奏《てんそう》屋敷以外には、江戸における公家の旅館はどのような場所が利用されたであろうか。それは、江戸大火によって伝奏屋敷が焼亡した場合も含めて、多くは江戸の寺院や町屋が旅館となっていた。

代表的な旅館としては、馬喰《ばくろ》町の雲光院、神田の西福寺・誓願寺、愛宕下《あたごのした》の青松寺《せいしょうじ》・天徳寺・円福寺を筆頭に、谷中《やなか》の瑞輪寺・感応寺、深川《ふかがわ》の本誓寺・雲光院・法善寺、本所《ほんじょ》の成願寺・弥勒寺、小石川《こいしかわ》の伝通院、浅草の東本願寺、赤坂や麹町《こうじまち》の僧坊・祠官《しかん》宅など、江戸の諸寺院を中心にして旅館が割り当てられていた（『徳川実紀』『吉良《きら》家日記』『本源自《ほんげんじ》性院記《しょういんき》』『甲子夜話《かっしやわ》』『藤岡屋日記』『松屋叢話』『蜑《あま》の焼藻《たくも》の記』『巷街贅説《こうがいぜいせつ》』『江戸時代　落書類聚』上、「中院通茂備忘録《なかのいんみちもちびぼうろく》」、「東行日記」など）。

また、元和三年（一六一七）四月上旬に下向してきた壬生孝亮《みぶたかすけ》や日野資勝《ひのすけかつ》などは、それぞれ材木町一丁目の作右衛門方（「孝亮宿禰《すくね》日次記」『大日本史料』十二—二十六）、日本橋通りの尼ケ崎屋（「資勝卿記抄」『大日本史料』十二—二十六）といった町人宅を宿としている。さらに下級の公家たちの場合、江戸前期の事例では、南大工町二丁目の菱屋五兵衛宅（「中院通茂備忘録」延宝九年〈一六八一〉九月十六日条）や、石町三丁目の大和屋治兵衛方・三河屋五郎兵衛方（『江戸時代落書類聚』上、宝暦十年〈一七六〇〉正月二十五日下向の下級公家）などが割り当てられ、江戸後期の事例では、文政五年（一八二二）二月二十六日下向の公家の旅館として、本石町四丁目の清兵衛方・越後屋吉兵衛方・十五郎方が、天保十三年（一八四二）二月二十六日の場合、本石町三丁目の旅館が、それぞれ当てられていたことがわかる（『藤岡屋日記』一・二）。

江戸に下向してきた公家と江戸町人との関わりを踏まえれば、江戸の町人は京都から下向した公家を好奇の眼差しで捉えたものと察せられる。宝暦十年（一七六〇）年頭勅使《ちょくし》下向の際には、御身固《おみがため》の役を担う土御門泰邦《つちみかどやすくに》が石町四丁目藤屋長左衛門方、押小路師資《おしこうじもろすけ》が同町三丁目大和屋治兵衛方、宗岡行春《むねおかゆきはる》が同町三河屋五郎兵衛方、粟津清胤《きよたね》が石町横町二文字屋吉兵衛方を旅館としたが、二月五日夜、神田旅籠《はたご》町一丁目明石屋からの大火によって各旅館が焼失した。この江戸の火事で焼け出された被害者の公家たちは、次のように、皮肉たっぷりで詠まれていた（『江戸時代落書類聚』上）。

焼公家を鍬でほり出す土御門　町の大屋はほのう拝見

石町の旅宿のあとは土御門　やけたるあとを拾ふ焼公家

都より火口の公家が下り来て　江戸をお、かた焼払ふかな

巳の日さへはらひ兼たる陰陽師　実に身がためもしらぬものかな

烏丸光広の屋敷拝領

昵近衆《じっきんしゅう》の中には、実際に江戸府内に屋敷を賜る公家もいた。その一人烏丸光広《からすまるみつひろ》は、慶長八年（一六〇三）に江戸に下向した公家としては『徳川実紀』に最初に記録された人物で、寛永十三年（一六三六）五月下旬、江戸に宅地を拝領しており（『細川家史料』六）、さらに同年十二月二十八日には合力米二百俵が与えられている（『徳川実紀』三）。

右の史実を記す『徳川実紀』には、烏丸光広が幕府から龍口《たつのくち》に宅地を賜り、その後高《たか》倉永慶《くらながよし》の宅地へと移り、高倉屋敷と呼ばれるようになったことも記されているが、高家吉《こうけき》良義弥《らよしみつ》・義冬《よしふゆ》・義央《よしなか》三代にわたって書き継がれた『吉良家日記』寛永十二年三月条には「烏丸所へ伊豆・上野《こうずけ》をもって頓《やが》て罷《まか》り下《くだ》り、当地に逗留仕《つかまつ》るべき旨、仰せ渡され候」と記され、松平信綱《まつだいらのぶつな》（伊豆）と吉良義弥（上野）が烏丸光広に対して江戸に逗留するよう申し渡したことがわかる。さらに『吉良家日記』寛永十三年三月十五日条によれば、将軍

家光《いえみつ》にお目見えした光広が「御屋敷拝領の御礼」をしたことが記され、烏丸光広が実際に江戸屋敷を拝領していたことが確認でき、同十六年四月晦日に帰洛の暇をもらうまで滞在した（『徳川実紀』三）。

烏丸光広といえば、弁官《べんかん》や蔵人頭《くろうどのとう》を経て、慶長十一年（一六〇六）参議に任じられて公卿《くぎょう》に列したが、同十四年に起きた猪熊《いのくま》事件、いわゆる官女密通事件に連座して後陽成《ごようぜい》天皇の勅勘《ちょくかん》を蒙り、官を止められて蟄居《ちっきょ》を命じられたことでも知られる。

一方、多才多芸な宮廷文化人としての顔をもち、和歌や書・茶道に秀で、とりわけ歌道については、慶長八年に細川藤孝《ほそかわふじたか》から古今伝授《こきんでんじゅ》を受けて、将軍家光の歌道指南役を務めた。寛永三年の、秀忠《ひでただ》・家光父子が上洛し、後水尾《ごみずのお》天皇を二条城に迎えた寛永行幸《ぎょうこう》御会《ごかい》では、御製読師《ぎょせいどくし》近衛信尋《このえのぶひろ》とともに御製の講師を務めた。光広は、三条西実条《さんじょうにしさねえだ》と中院通村《みちむら》とともに後水尾院の宮廷歌壇の柱として活躍した。

高倉屋敷

烏丸光広に与えられた土地は、寛永十六年（一六三九）四月下旬の光広の帰洛にともない、高倉永慶に与えられている。前にも述べたが、昵近衆の一人、高倉家は衣紋《えもん》を家職とする公家で、将軍の儀礼の際の御衣紋を担う「役者」であった。屋敷は永慶に与えられたことから、「高倉屋敷」といわれているが、次の『徳川実紀』三の記述に着目してみたい。

烏丸光広は長年、江戸に滞在していて、龍口に宅地を賜り、様々に将軍からの厚遇を受けた。将軍からは、幕臣たちに対して希望する者は光広卿について和歌を学ぶべしと仰せられた。光広が帰洛した後は、高倉永慶がその宅地を賜って、さらに廩米《りんまい》二百俵を下賜され、江戸に滞留した。よってこの地を高倉屋敷というのは今の伝奏館のことである。

この史料に記されているように、年頭の御礼で下向した高倉永慶は、江戸に逗留することが認められて烏丸光広の宅地を引き継ぐとともに、廩米二百俵を同じく下賜された（『徳川実紀』三、『吉良家日記』）。ただし、右の「高倉屋敷というのは今の伝奏館のことである」というのは誤りで、久保貴子氏の研究によれば、「寛永江戸全図」の八代洲河岸《やえすがし》に「烏丸殿」という表示があり、さらに、寛文十年（一六七〇）刊行の「新版江戸大絵図」には、ほぼ同じ位置に「高倉やしき」と表示されていることから、高倉屋敷の場所が判断でき、前述した伝奏屋敷とは別棟だということがわかる。

この高倉屋敷は明暦の大火で焼失をしているが、万治元年（一六五八）六月、高倉屋敷の普請《ふしん》奉行が任命されたことが確認できるので（『江戸幕府日記　万治年録』、『徳川実紀』三）、その後再建されたものと思われる。『吉良家日記』元禄十五年（一七〇二）二月十四日条には、桂昌院《けいしょういん》（将軍綱吉《つなよし》母）叙位祝儀の院使東園基雅《ひがしぞのもとまさ》が使用したことが記録されていることから、その後も下向した公家の宿所として使われていたことがわかる（久保貴子「明暦大火以前の参向公家の宿所について」）。また享保期には、高倉屋敷が儒学者室鳩巣《むろきゅうそう》の講義場所として使われていることがわかっている（『徳川実紀』九）。

このほか、寛永十八年四月二十七日昵近衆に加えられた三条西実教《さねのり》は、寛文四年五月四日に江戸在府期間、米二百俵を賜っており（『徳川実紀』四）、江戸において特別に経済的な援助を得ていた公家もいる。加えて、慶安元年（一六四八）十二月三日、書院番今村吉《いまむらよし》重《しげ》が「鷹司《たかつかさ》家旅館構造奉行」に命じられていることから（『徳川実紀』三）、摂関家の一つ鷹司家の旅館が江戸に存在した可能性がある。

近衛家の神田御殿

長期間にわたって江戸に逗留したことで著名なのが摂家の近衛基熙《このえもとひろ》である。基熙は、万治三年（一六六〇）、延宝八年（一六八〇）、宝永三年（一七〇六）、同七年に江戸へ下向している。基熙は五摂家筆頭、近衛家の当主であり、後陽成天皇の孫にあたり、妻の常子《つねこ》内親王は後水尾天皇の第十五皇女、品宮《しなのみや》であった。後水尾天皇とは仲の良い関係であったが、霊元《れいげん》天皇とは絶えず対立し、天和二年（一六八二）には関白の座を一条兼輝《いちじょうかねてる》に先を越される超越《ちょうおつ》を許すことになった。

寛文六年（一六六六）に誕生した長女熙子《ひろこ》が、幕命により延宝七年に甲府藩の徳川綱豊《とくがわつなとよ》に輿入れをして江戸に下った。その後、綱豊が宝永元年（一七〇四）末に将軍継嗣《けいし》となったことで、ともに江戸城西の丸に入った。そして綱豊が家宣《いえのぶ》に改名して宝永六年に六代将軍に就任し、熙子は御台所《みだいどころ》（のちの天英院《てんえいいん》）となって、その後、大奥において権勢をもつことになる。この結果、基熙は家宣の信任を得て宝永六年に太政大臣に任じられ、近衛家の繁栄の基礎を築いた。

家宣の岳父《がくふ》であった基熙は、宝永七年四月十三日より正徳二年（一七一二）四月十日までの二年間、江戸に滞在したが、江戸下向の理由は、侍講《じこう》新井《あらい》白石《はくせき》の家宣への献言があり、翌年の朝鮮通信使来朝の儀礼上の助言を受けるためであったとされ、当初から長逗留の予定ではなかったが、家宣から和歌講談を望まれたことで、まずは秋までの逗留となった（「基熙公記」宝永七年五月十五日条）。宝永七年五月、白石は数度にわたり基熙の宿泊する神田御殿へ出向いて対面している（『新井白石日記』下）。

基熙の場合、神田湯島山王旅館というものを新たに建ててもらっており、自らの日記に「旅館に至る、今度新造有り、奇麗比類無し」（「基熙公記」宝永七年四月十三日条）と記しており、さぞかし立派な邸宅であったことが想像される。

四月二十七日、基熙は将軍とともに浜御殿を遊覧している。そこでは、側用人《そばようにん》間部《まなべ》詮房《あきふさ》の指揮により、島の茶亭にて茶菓を戴き、海岸の崖に設けられた海涯の東屋にて飾り船を眺め、園内の遊覧が終わると饗宴が催された。池の中島へも渡り、池に様々な船を浮かべて鼓吹が鳴らされ、再び清水の東屋にて饗応がなされた（『徳川実紀』七）。浜御殿にはその後もたびたび出かけている。

江戸城に登った公家の中でも、将軍の岳父である基熙の場合、通常使われない平川口より出入りして大奥へ上ったり（「基熙公記」宝永七年五月十五日条）、内々に六代将軍家宣に歌書の講義をしたり、有職故実の知識を問われたり、冠服の制を正したりした（『徳川実紀』七）。

また、娘熙子とは大奥の御台所の部屋において、源氏物語や伊勢物語の校合をおこなったり、古典を書写したりしている。同年九月十五日には神田祭礼を江戸城吹上において見物している。同年末には「老ほれて年こえへしと思ひきや　命ありけり江戸の節分」などと詠んで自身の日記に記している。

この間、宝永七年八月、慶仁《やすひと》親王（のちの中御門《なかみかど》天皇）の同母弟秀宮《ひでのみや》（東山《ひがしやま》天皇の皇子、のちの直仁《なおひと》親王）をもって新宮家創立がなった。そして宝永五年二月二十五日には家熙《いえひろ》の嫡男家久《いえひさ》が内大臣に任命され、七月には幕府が摂政近衛家熙に千石を加増し、正徳二年四月に基熙は帰京した。

江戸を遊覧する

武家屋敷への訪問

江戸在府中、公家が江戸の親類筋の武家屋敷を訪ねる場合、公家・武家双方から申し出て、その許可を得るような体制をとっていたことはすでに述べたが、近世後期においても、園基茂《そのもとしげ》が松浦静山《まつらせいざん》（園基茂の義父）宅を訪ねる際に、それぞれが朝廷・幕府へ許可を願い出ていたことが確認できる（『甲子夜話《かっしやわ》』正一五）。天保六年（一八三五）二月のことだが、森長国《もりながくに》が甘露寺国長《かんろじくになが》の下向に先立ち、駿府またはは江戸に逗留中、進物を贈るために家来を遣わしたいと幕府に願い出て許可されており、届け出の制度が徹底されていたことが確認できる（『天保雑記』）。

また、勅使《ちょくし》以外のケースはどうであろうか。『甲子夜話』は、天保期頃、鷹司政通《たかつかさまさみち》が江戸に下向した際、縁戚関係（政通の正室が徳川治紀《とくがわはるとし》娘）にあった徳川斉昭《なりあき》から水戸上屋敷に招かれて後楽園を遊覧した時、政通から乗馬の要望が出され、急遽、斉昭が家来に命じて実施させたことを記している。

さらに松浦静山は、天保八年（一八三七）九月の家慶《いえよし》の将軍宣下《せんげ》の大礼で下向した左大臣二条斉信《にじょうなりのぶ》・内大臣近衛忠熙《このえただひろ》について細かく記している（『甲子夜話』三―四）。やや時代は下るが、この『甲子夜話』の記述から、摂関家の江戸における外出先をまとめてみると、表4（近衛家・二条家と大名との各縁戚関係を「備考」欄に記した）のごとく表せる。

二条斉信・近衛忠熙の二人の場合、武家伝奏《ぶけてんそう》と違って役務上の拘束が少ないせいか、老中宅などは記されておらず、御三家や親しい大名の邸宅を訪れ、饗せられていることがわかる。例えば、九月十日水戸藩邸を訪れた際には、放鷹《ほうよう》（鷹狩り）と騎馬打毬《きばだきゅう》での饗応《きょうおう》を予定していたが、生憎《あいにく》の雨であったため、庭園を廻覧し、飾られた馬具を見物した後、囃子《はやし》が催され、藩主徳川斉昭自ら仕舞《しまい》をおこなってもてなしている。

隅田川遊覧

特に近衛忠熙の場合、隅田川《すみだがわ》の遊覧をおこなっているのが注目される。江戸での遊覧で公家たちに好まれたのが隅田川見物だった（前掲表3参照）。家綱《いえつな》や吉宗《よしむね》の時代には何度か公家の隅田川遊覧が許されており、いずれも特別に許可されたケースではあるが、例えば、元文五年（一七四〇）年頭勅使の葉室頼胤《はむろよりたね》・冷泉為久《れいぜいためひさ》が下向した際、江戸城龍口《たつのくち》より船を出し、木母寺《もくぼじ》の茶園に仮の宿りを設けて隅田川遊覧に

表4　江戸在府中の摂家の外出先（天保8年）

月日	二条斉信の外出先	近衛忠熙の外出先
9.2	江戸城（将軍宣下の礼）	江戸城（将軍宣下の礼）
9.4	江戸城（饗応能）	江戸城（饗応能）
9.7	江戸城西の丸	江戸城西の丸
9.10	水戸藩徳川斉昭邸	
9.11		尾張藩徳川斉温上屋敷（市ヶ谷）
9.12	日光門主公紹入道親王（饗応管弦）	
9.13	福岡藩黒田長溥邸	杵築藩松平親良屋敷（高輪）
9.14		日光門主公紹入道親王
9.15	府中藩松平頼縄邸（放鷹乗馬饗応）	
9.16	尾張藩徳川斉温下屋敷（戸山別荘）	〈隅田川遊覧〉
9.18		杵築藩松平親良屋敷（高輪）
9.21		江戸城西の丸奥
9.23		尾張藩徳川斉温邸御広敷
9.25		尾張藩徳川斉温下屋敷（戸山別荘）
備考	①松平頼縄の後妻が二条斉信の妹 ②徳川斉温伯母が二条斉信の姉 ③黒田長溥母が二条斉信の妹	①徳川斉温後妻が近衛忠熙の妹

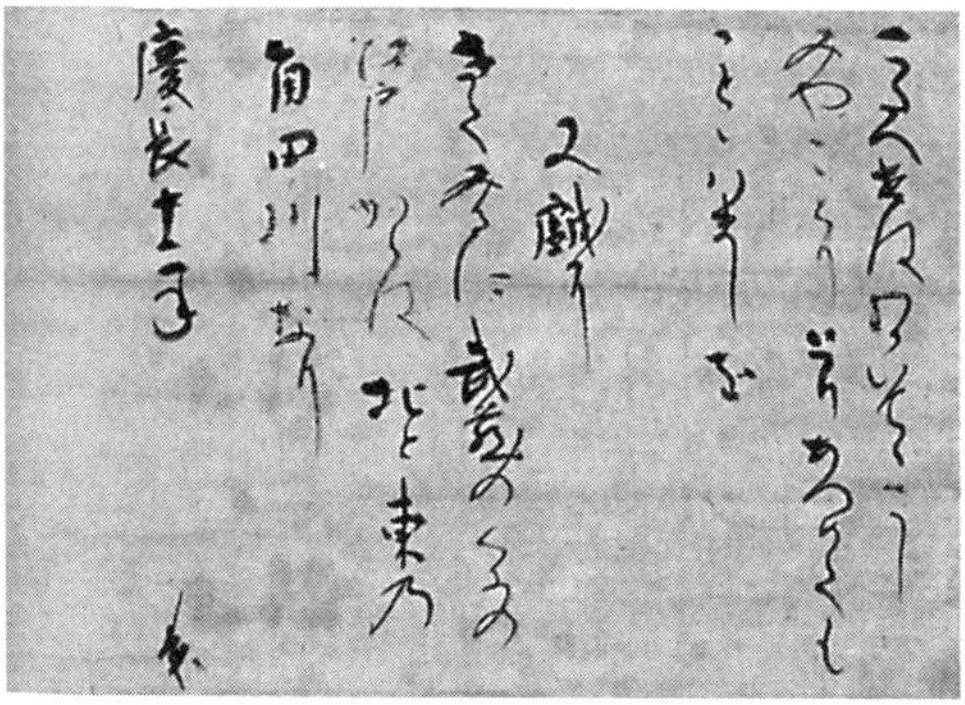
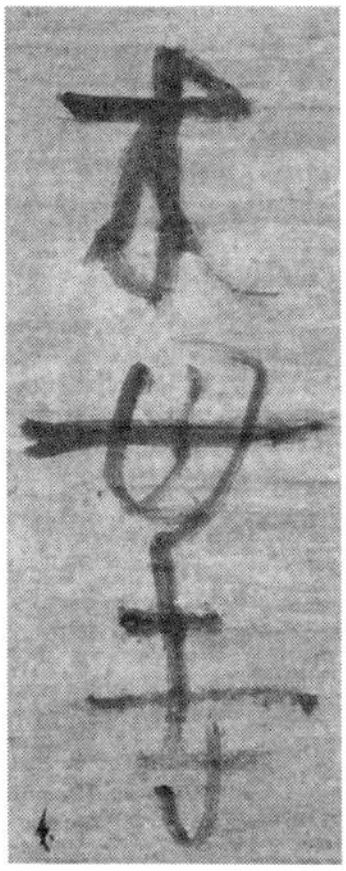

図13　近衛信尹墨跡（木母寺所蔵，すみだ郷土文化資料館編『隅田川文化の誕生』〈2008年〉より転載）

出かけている。

往来の船中では海の幸山の幸の贅を尽くし、大変な持て成しを受けた。頼胤は「ゆたかなる世々を重ねて角田川　ひろき流れの波もさはがず」、為久は「花鳥にかすむや千里墨田川　舟とめて見る遠近の春」、などとそれぞれ詠んでいる（『徳川実紀』九）。

隅田川遊覧の最も早い例は慶長十二年（一六〇七）に江戸へ参向した関白近衛信尹《このえのぶただ》だが、信尹は隅田村堤のほとりにある寺院に立ち寄って「木母寺」の寺号を下賜し（図13参照）、信尹は隅田川遊覧に興じ（『新訂江戸名所図会』六）、次のように和歌を詠んでいる。

こたへせば　わか出でてこし　都鳥　とりあ
つめても　事とはましを
また戯《たわむ》れに

来てみるに　武蔵《むさし》の国の　江戸からは　北と東の　角田川なり
慶長十二年　（花押）

天保八年（一八三七）九月に将軍宣下で江戸に下向した近衛忠熙が隅田川に遊覧した時には、「公は梅若の方より、牛御前の辺に到られしとき、勿論、烏帽子《えぼし》・狩衣《かりぎぬ》を着られて、下には草履《ぞうり》をはき歩行て来られしが、やがて自ら衣《かりぎぬ》の中に入れていた饅頭《まんじゆう》を、堤下へ投散せられしゆえ、拝見の者ども、貴人の手沢《しゆたく》とて、争い取て親しく容貌《ようぼう》を視たり。（中略）公は三囲社《みめぐりしや》の境内に在られて、絵馬堂を見給う体《てい》なり。何をか視られけん、大咲《笑》して左右と問あられし様子なり。図《はかる》にかの絵馬堂に、過し頃、浅草広小路《ひろこうじ》に仮宅せし遊女屋金山と称せしが、内外街路閨房《けいぼう》のさまを絵がきし、是等をや指示して、かく大咲《笑》し給ひけん」（『甲子夜話』三一―四）などと記されている。

図14のように、江戸の古地図「隅田川・向島絵図」を開いていただけると、右の記述の位置関係が概ねわかるが、図の中ほどやや北側に「渡し場」が設けられていたことから、江戸城からこの付近に船で乗り付けたことが推測され、北の「梅若塚（木母寺）」から南の「牛御前」までに至るところを逍遥《しようよう》して廻り、三井越後屋が江戸での守護神とした「三囲社」も訪れていたことがわかる。沓《くつ》をぬいで「草履《ぞうり》」を履いて向島《むこうじま》の景勝地に、忠熙がしばしば心安らいでいた様子がよく伝わってくる。

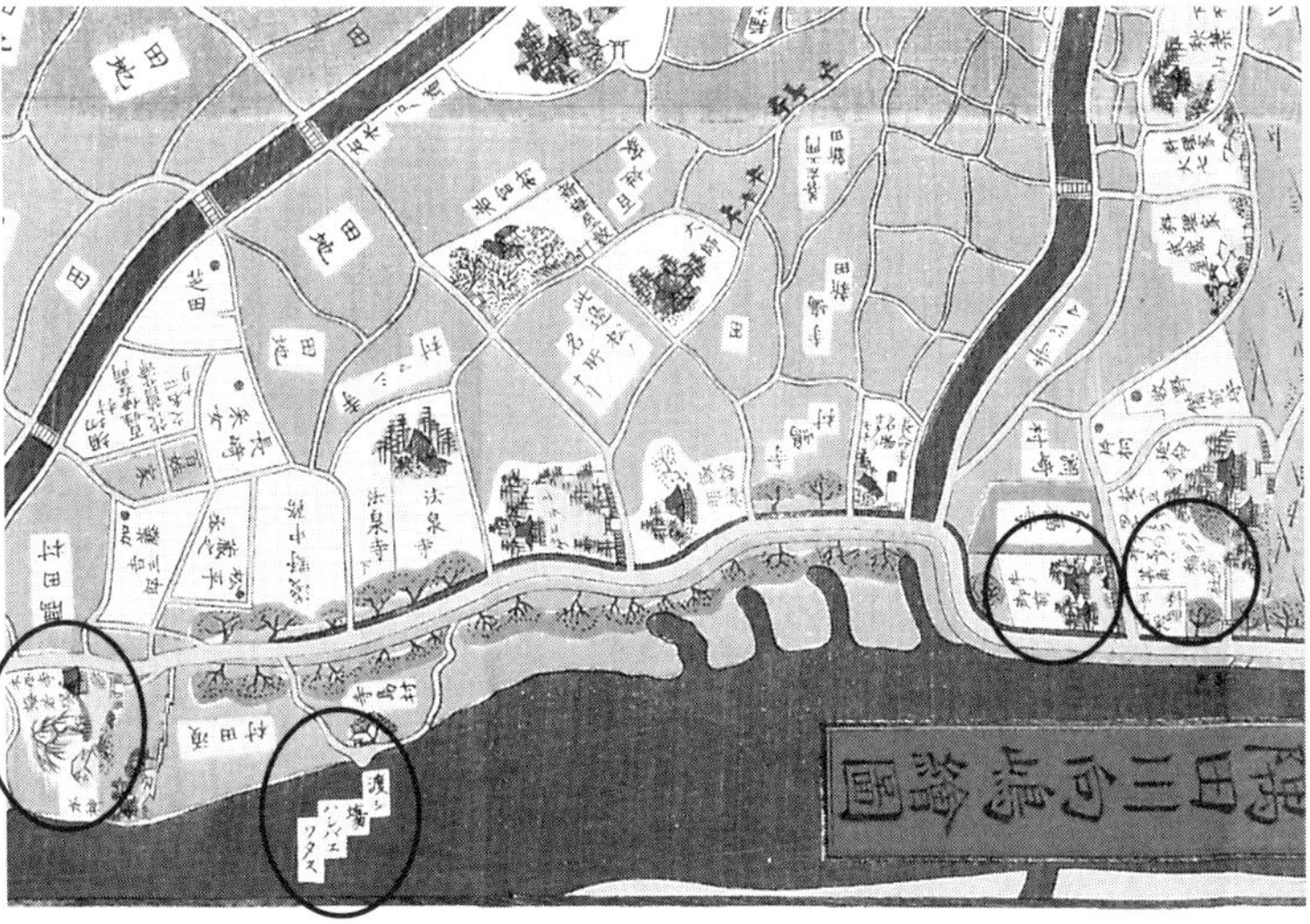

図14　隅田川向島絵図（『江戸切絵図』より，国立国会図書館デジタルコレクション）

江戸における公家の行動空間としては、基本的には江戸城および上野寛永寺・芝増上寺、または老中・御三家の屋敷に限られるが、許可を得れば親戚筋も含め江戸府内の大名屋敷にも出入りすることもあった。また、特別な取り計らいによっては隅田川や浜御殿への遊覧がおこなわれた。

家元たる公家への入門

大名と公家は婚姻関係での接触も含めて、江戸でどのような接点をもったのであろうか。参勤交代で江戸参府中の大名松平《まつだいら》直矩《なおのり》を例にみてみよう。

直矩は村上・姫路・山形・白河な

どを領した大名であったが、寛文四年（一六六四）十二月一日（当時二十四歳）江戸に出府した際、医師の成方院（吉田浄友《よしだじょうゆう》）の紹介で初めて伝奏屋敷を訪ね、飛鳥井雅章《あすかいまさあき》（武家伝奏）と会っている。そして何度か飛鳥井のもとを訪れ、自分の詠んだ歌の添削や和歌の指導を受けている。

その後も江戸で会ったり、飛鳥井が京都に戻っても添削を受けたりする一方、寛文七年三月九日には伝奏屋敷で難波宗量《なんばむねかず》に初めて会い、その場で蹴鞠《けまり》の免許を願い出ている。そして同月十一日に滝川利貞《たきがわとしさだ》（留守居《るすい》）を訪ねたところ、飛鳥井雅章・難波宗量両卿が出向いており、その場で盃を重ねることになった。その様子を記した『松平大和守日記』には、次のように記されている。

鞠これ有り、飛鳥井殿は紫の装束、難波殿は桃色なり、詰（詰カ）六人内入道両人これ有り、何も町人のよし、

鞠の中に阿部伊予殿（正邦）、牧野因幡殿（富成）、永井右衛門殿その外《ほか》多勢これ有り、

この記述で興味深いのは、江戸の武家屋敷で武家と公家がともに蹴鞠に興じているということであり、しかも町人が蹴鞠の現場に居合わせていることがなお面白い。この後、松平直矩は十四日に江戸城でさらに蹴鞠を見学し、十六日には飛鳥井より蹴鞠の免状をもらっている。

松浦静山は、『甲子夜話』において「先年、飛鳥井雅威《まさたけ》が日光御神忌《ごしんき》にて下向し、江戸にも寄った際、蹴鞠を拝見する機会があった。自分も鞠道《きくどう》では師家ということで対面の願いをもっていたが、きまりとして宿所を訪れることはできなかったので、帰洛時に品川宿の駅舎にて面会が叶った。父雅威《まさたけ》卿以来の故事を旧交の如く話に花が咲いた」（『甲子夜話』三―五）と記しており、松浦静山も飛鳥井家より蹴鞠の免許を伝授され、師家の江戸下向の機会に面会を願っていたことがわかる。

静山は『甲子夜話』の中で、「前年に衣紋《えもん》道の高倉《たかくら》家に入門したことから、高倉永雅《ながまさ》が江戸にやってきた際に、旅館まで出向いて面会し、居間の側に置かれた、秀吉の時代に先祖が装束を入れて往来していた唐櫃《からびつ》を具《つぶさ》に見た」ことを記し、衣紋道に入門した高倉家当主に江戸で面会している（『甲子夜話』三―五）。

蹴鞠の免許としては、新井白石《あらいはくせき》が、元禄九年（一六九六）三月江戸に下向した飛鳥井雅章より蹴鞠の門弟となって「烏帽子《えぼし》懸《かけ》免許状」をもらっているほか（『新井白石日記』上、元禄九年三月十六日条）、岡山藩池田家の歴代の当主が難波・飛鳥井より蹴鞠の免許を得ており、岡山大学附属図書館「池田文庫」には、池田家の歴代当主の蹴鞠免許状が所蔵されている。

こうした公家の江戸下向を機会に武家が公家から諸芸の免許を得るという動向は、近世中期以降、ますます増加していった。例えば、すでに歌道史研究の立場から幕臣森山孝盛《もりやまたかもり》の事例が紹介されている（久保田啓一『近世冷泉派歌壇の研究』）。

公家を家元とした「連衆」

安永二年（一七七三）、母親の遺言により冷泉《れいぜい》家の歌道に入門した森山孝盛は、天明元年（一七八一）の新女院使冷泉為泰《ためやす》の江戸下向に当たって、旗本《はたもと》で歌人の石野《いしの》広通《ひろみち》の息三蔵とともに、その旅館青松《せいしょう》寺《じ》を訪ね、歌の教示を得ようとしている。その際、関東の冷泉家の門人たち、それも大名から下級武士までがこの時とばかり公家の旅館を訪れ、入門をおこなう、または昇進の謝礼を取り交わす状況を自己の日記に記している（『蜑《あま》の焼藻《たくも》の記』、「自家年譜」天明元年十月三日条）。

そこでは、公家が武士たちからの贈答として手にする金品を「金千両に余りたり」といったややオーバーな表現に及んでいるが、江戸の武家たちが、参向の公家のもとへ積極的にアプローチしていた実態が浮き彫りとなる。

また、冷泉門の森山孝盛の活動として注目されるのは、歌道の家元としての冷泉家と絶えず連絡をとりながら、江戸の武家たちの間で歌会サークルを形成していたことである。その具体例としては、現在のところ二例しか指摘しえないが、森山孝盛の日記には、天明四年七月十四日（孝盛母十三回忌に当たり冷泉家出題）と同六年七月二十九日（冷泉為村《ためむら》十三回忌追悼和歌会）の両日に、参会したメンバーの名が記されており、そこには「連衆《れんじゅ》」という言葉が見出せる。つまり、石野広通邸または森山孝盛邸で、母の命日または師家の冷泉為村の命日に当たって、冷泉門人を中心とした「連衆」が冷泉家出題の勧進《かんじん》歌会を催していた。

後者の場合、冷泉為村の画像を床の間にかけて和歌二十首を詠んでおり、これらのメンバーは、孝盛の親戚筋石野広通父子ほか、三橋成烈《みつはしなりてる》、加賀美遠清《かがみとおきよ》、五味至豊《ごみよしとよ》、青木正安《あおきまさやす》など大番の同僚たちや僧侶、一橋大奥女房田村、本丸比丘尼《びくに》衆栄嘉尼など実に多様で、しかもそのほとんどが、冷泉門人であった（いずれも「自家年譜」天明四年七月十四日条および同六年七月二十九日条）。

このように、幕府の積極的な学芸の奨励または公家への入門の推薦を背景として、江戸の武家は公家の江戸下向を一つの機会として免許の取得、入門を果たしていたことがわかる。さらに、そうした家元としての公家を紐帯とし、文化サークルとしての「連衆」を形成していた。

同様なことは、「壬午《（文政五）》御大礼のとき、御衣紋の為に高倉宰相下向あり。予《（松浦静山）》も彼家の門弟なれば、幸《さいわい》の下向と聞き、その宿所に往て対面せり。（中略）諸家より旅宿に就《つい》て対面の人夥《おびただ》しく、或は衣紋の入門して初めて謁見の者も亦《また》多かりしと」（『甲子夜話』正一三）という記述も見出せ、多くの衣紋の門弟たちが江戸に下向した公家の旅館に集ったことがわかる。

公家文化との融合と武家の風儀

公家の江戸下向は、武家にとって公家の家芸の弟子入りをする絶好の機会であり、多くの武士がその旅館を訪れたことは想像にかたくない。こうした武家側から公家へ接触を求めようとする動きは、近世中後期以降、より増加する傾向にあった。というのも、公家衆の直接の接待にあたった御馳走人《ごちそうにん》には、近世中期以降、何度か「館伴《かんばん》制」が令せられているからである。

宝永元年（一七〇四）二月十三日には、御馳走人に対する進物や馳走所への来訪者に対して接待を禁じる法令が出され、「公家・門跡《もんぜき》方、御馳走仰せ付けられ候衆中、付け届け無用たるべく候、御馳走所へ見廻い候衆中へも料理等出され候義、無用の事」（「文露叢《ぶんろそう》」宝永元年二月十三日条）などと馳走が華美なものとならないように触れられていたことがわかる。

また享保期には、公卿の両山（寛永寺・増上寺）参詣の警護の人数もそれ以前と較べて三倍の人数となって、すべて奢侈《しゃし》が好まれているとの批判から人員節減の方針が出されている（『徳川実紀』九）。

こうした法令はその後も幾度か出されている。延享三年（一七四六）二月十七日、公《く》卿《ぎょう》館伴制が出され、馳走人に対しては、旅館の座敷居間以外は金屏風を使用するべきではないこと、また公卿の家人など歓待に乗じて物乞いしている者は大目付まで届け出ることを令している（『徳川実紀』九）。同様な法令は明和三年（一七六六）三月十五日にも出されおり（『徳川実紀』九）、安永九年（一七八〇）八月十三日には再度、御馳走人に対して公卿館伴制が出され、無駄使いをせずできるだけ倹約し、公卿の滞在期間は勘定方の役人を派遣して監視をおこなうことなどを令している（『徳川実紀』十）、このことは、江戸下向の公家に対する武家の接触が近世中後期以降、増加傾向にあったことをよく示している。

すでに述べたように、江戸に下向した公家の行動空間は、幕府によってかなり制限されていたにもかかわらず、江戸の武家社会や文化に対しての影響が少なくなかった。江戸に下向した公家は、武家伝奏の年頭勅使などの答礼をはじめとして、官位昇進の儀式・儀礼においては様々な「役者」の衆として将軍家を荘厳する重要な役割を果たしていた。特に、将軍の昵近衆《じっきんしゅう》らはそうした儀式・儀礼の際に活躍し、将軍の有職故実の顧問を務めたりした。

将軍による公家の芸能の奨励は、和歌・蹴鞠・衣紋などを中心に大名や幕臣たちに深く浸透し、公家の江戸下向を機会に入門し、また指導を積極的に乞うことになった。このため、江戸では、参勤交代で出府した大名や幕臣と、下向した公家との間で活発な交流がおこなわれ、江戸の武家文化の一つの特色を形成することにもなった。特に将軍吉宗《よしむね》の時代以降は、そのことが顕著になった。近世中後期以降、武家たちは公家の江戸下向を絶好の機会と捉え、積極的にアプローチをして入門をおこない、家元たる公家衆は、その門人たちの文化サークル「連衆」の紐帯ともなっていた。

一方、こうした武家文化の様相に対して批判的な論評が生まれていた。例えば、文化・文政期頃の社会の様子について、有職家《ゆうそくか》の松岡行義《まつおかゆきよし》は『後松日記《ごしょうにっき》』の中で、屋代太郎《やしろたろう》と当時の装束について文を交換する件を記すとともに、「近ごろ武家にて公家の真似をして風流を好むことが流行っており、武芸への志が薄くなって不安にお思いになっているとのことで、武家にて詩歌・管絃・蹴鞠などに日を送り、武芸の志を忘れているのは、もってのほかだと存じます」などと記している。

文化十三年（一八一六）頃、武陽隠士《ぶよういんし》によって書かれた『世事見聞録《せじけんぶんろく》』にも「昔は、武士の花奢《きやしや》風流を好むことを公家風であると言って嘲《あざけ》りもされたが、今は公家風となるは上人《じょうにん》（高貴な人）のことで、多くは女性の風儀となっている。（中略）当時は、高貴な人は常々心が浮わついていて根気のないのであろうか。すべて右の事（歌・連歌・乱舞・茶の湯）を好まず、小身の人が専ら翫《もてあそ》ぶことになった。前に言ったように、身分の低い侍までも公家風を好んでいる」などと記され、武士たちの公家風に対して批判の目を向けている。

このように、近世後期の武家文化の中で公家の風儀が深く浸透する一方で、武家としての風儀を重んじる向きからは、武家の風儀の頽廃《たいはい》とも受け取られかねなかった。

江戸に召喚される

叡慮を伝えず

後水尾天皇と幕府

慶長十六年（一六一一）三月、後陽成《ごようぜい》天皇の譲位の儀がおこなわれて、後水尾《ごみずのお》天皇が践祚《せんそ》した（四月十二日に即位の礼を実施）。しかし、この譲位の儀式には一般の見物がなく、諸大名の供奉《ぐぶ》などもなかった。ここに至るまでには、後陽成天皇の再三にわたる譲位の叡慮《えいりよ》を武家政権に伝えた末のできごとであった。

後陽成天皇の突然の譲位表明は慶長三年十月にまで遡《さかのぼ》り、この時は豊臣政権を代表して徳川家康《とくがわいえやす》が譲位無用を奏上した。その後、同十四年十二月にも譲位の叡慮が家康に伝えられ、翌年に了承の返答がなされた。ところが家康の末娘の病死を理由に譲位延期が伝えられ、天皇は激怒したが、譲位の儀の見通しが立たないことになった。

同十五年四月に家康から送られた七ヵ条の返答には、「一、譲位の儀は家康か秀忠《ひでただ》のどちらかが上洛して馳走《ちそう》をせねばできないはずである。しかし、譲位の諸事は幕府の支援がなくても、当年中に実施したいのであれば、そのようにして下さい。一、政仁《ことひと》親王（のちの後水尾天皇）の元服を年内に実施したいとの天皇の意向は尤《もっと》もである」（『三藐院《さんみゃくいん》記』）などと記されており、後陽成天皇が希望する慶長十五年中の譲位実施、政仁親王の元服と譲位の同日実施という二点は、いずれも幕府側の意向に添うものではなかった。

結果として、同年十二月に政仁親王の元服の儀が執りおこなわれ、翌十六年三月にようやく譲位の儀となった。天皇の叡慮が譲位として発露されても、武家伝奏《ぶけてんそう》を通して江戸幕府の了解がなければ、その先の御内慮《ないりょ》を進めることすら叶わなかった。まさに後水尾天皇はそうした背景のもとで即位したわけである。

後水尾天皇の代は、家康が近世の朝廷の骨格を形作った時期に当たっている。慶長十九年七月十七日、二条城において家康・秀忠父子が伝奏と前関白二条昭実《にじょうあきざね》のほか諸公家を集めて、伝奏広橋兼勝《ひろはしかねかつ》によって禁中 并《ならびに》 公家中諸法度が読み上げられた（『駿府記』）。

禁中并公家中諸法度の規定する条文は、朝廷内の序列・身分階級についての規定が多くを占め、天皇をはじめ朝廷内の秩序化を意図したものと考えられる。特に、第二条で「三公の下親王」という規定を設けているように、皇族である「親王」が左大臣・右大臣・内大臣の「三公」の次座と規定され、大臣の位に就く摂家の優位さが規定されていることが着目できる。

以後、禁中并公家中諸法度は江戸時代の朝廷統制の中心的な役割を果たし、この法度によって、伝奏が関白とともに朝廷政務の中心を担い、その命に背いた者が厳重な処分を受けることが明記され、これは江戸末期まで変わらぬ基本法となった。当然、この法度が家康を中心に作成されたことは確かなことだが、法度制定の主体として、家康・秀忠のほかに二条昭実の署名が記されていることに着目すると、幕府のみならず朝廷の合意のもとに発せられた法度だと理解できる。

この点に関わり、法度制定から半世紀を経た時期に正親町実豊《おおぎまちさねとよ》（当時、武家伝奏）が宮廷の職制や儀式・儀礼について記した聞書の写し「職方聞書《しょくがたききがき》 并《ならびに》 覚書《おぼえがき》」（特に有職故実《ゆうそくこじつ》の権威者三条西実教《さんじょうにしさねのり》から聞書したことを多く記す）には、「この壁書（禁中并公家中諸法度）は二条関白昭実公・家康公・秀忠公の三人の加判によるものである。公武より出された法度で武家より出されたものではない。武家ばかりから出されたものと思う者もいる。（中略）禁中よりも武家の勢いが強いので、咎《とが》められては大事になる。十七ヵ条は二条昭実が術策のゆえ、摂家のための良いように記された。古例では、親王が摂政・関白より上座に着くこともあったが、十七ヵ条により親王の上に摂政・関白が上座に着くこととなったのは間違ったことである。（中略）御法度書は忘れないように、常に詳細にみておくべきである。摂政・関白・武家伝奏・奉行職事などが言い渡すことに背く者は流罪となるなどの規定は理不尽である」(「職方聞書幷覚書」)と記されている。

すなわち、後水尾天皇の時代に制定された禁中幷公家中諸法度は、幕府と朝廷双方(「公武」)によって取り決められた法度だという理解が必要で、第二条にみられる座次に関わる規定などには、摂家《せっけ》の意向が強く働いたことが窺える。中世以来、座次をめぐって互いに争ってきた背景から、摂家側が親王家に対する思惑があり、幕府権力を借りることによって「摂家のための良いように」制定し、親王家よりも高い座次を勝ちとったわけである。

もちろん、法度の制定過程を考えれば、当然、家康が公家諸家の古記録を提出させ筆写のうえで制定したのは確かなことだが(橋本政宣『近世公家社会の研究』)、この法度成立の背景に、朝廷内部の課題が幕府権力のもとに解決され、摂政・関白の位に就く摂家側の思惑のもと、朝廷内部の身分秩序が整備され、摂家による公家支配、摂家優位による公家社会の秩序形成など、幕府の政治的意図と合致したうえで出された(拙著『近世朝廷の法制と秩序』)。

和子の入内

元和六年(一六二〇)六月、徳川秀忠の娘和子《まさこ》は上洛した後、従三位に叙せられ、二条城より女御《にょうご》として入内《じゅだい》した。これにより将軍家と天皇家が縁戚となり、後水尾天皇二十五歳、和子十四歳の婚儀であった。

入内の計画そのものは、慶長十七年（一六一二）に遡り、幕府から入内に際しての装束のこと、供奉のことなどについて朝廷に問い合わせがなされている（『言緒《ときお》卿記』）。その二年後には、朝廷より勅使《ちょくし》が派遣され、入内の内旨が家康に伝えられて正式な決定をみた（『駿府記』）。

しかしその後、慶長十九年に大坂の陣が勃発したほか、元和二年に家康が亡くなったうえ、同三年に後陽成上皇が没するなど、入内の件はなかなか進捗しなかった。さらに天皇に仕える四辻公遠《よつつじきんとお》の娘与津子《よつこ》が天皇の第一皇子賀茂宮《かものみや》を出産する（その後さらに皇女梅宮《うめのみや》を出産）などのことがあり、入内の延期が朝廷に伝えられた。

そして同三年には万里小路充房《までのこうじあつふさ》や四辻季継《すえつぐ》、高倉嗣良《たかくらつぐよし》、中御門宣衡《なかみかどのぶひら》、堀河康胤《ほりかわやすたね》、土御門《つちみかど》久脩《ひさなが》ら六名の公家の処罰がおこなわれ、万里小路が丹波《たんば》国篠山《ささやま》へ、四辻と高倉が豊後《ぶんご》に配《はい》流《る》となり、残る三名は出仕停止となった。この背景には行儀法度に逸脱する行為があったわけだが、十分な穿鑿《せんさく》がない中での処罰の決定に、天皇も公家も不満を漏らした。例えば、土御門久脩の息泰重《やすしげ》は、処罰に関わった武家伝奏の広橋兼勝に対して、「三百年以来の奸《かん》佞《ねい》の残賊臣也《なり》」などと日記に記して怒りを顕わにした（『泰重卿記』）。

同六年に和子は女御として入内をし、それから三年が経った同九年十一月に姫宮（女一宮）を出産した。のちの明正《めいしょう》天皇である。寛永元年（一六二四）十一月、和子は女御から中宮《ちゅうぐう》となり、同三年九月、秀忠・家光《いえみつ》が上洛し、二条城に後水尾天皇の行幸《ぎょうこう》を迎えた。この二条城行幸時に和子は懐妊をしており、十一月に待望の皇子が誕生した。のちの高仁《すけひと》親王である。

譲位への強い叡慮

寛永四年（一六二七）四月、年頭勅使の江戸下向にあたって、後水尾天皇は高仁親王への譲位の時期（寛永六年）を幕府に伝え、幕府もこれに合意したため、院御所の造営が着手された。しかし、寛永五年に入り高仁親王が病となり、わずか三歳で没した。

後水尾天皇のみならず、徳川の血を受け継ぐ天皇の誕生を期待していた秀忠の落胆も大きかった。その後も後水尾天皇が女一宮（十月二十九日に七歳で内親王宣下《ないしんのうせんげ》）への譲位の意向を和子を通じて幕府に伝えたが、幕府からの返事は時期尚早だとして譲位の許可が得られなかった。

寛永六年（一六二九）五月、後水尾天皇は、母中和門院《ちゅうかもんいん》を通じて譲位の可否を公卿《くぎょう》に諮問した。それは、病のために灸治《きゅうじ》をおこないたいが、在位中には難しいので譲位したい、若宮誕生まで女一宮に皇位を預けたいとのことで、この諮問を受けた公卿十名の返答によれば、灸治のためであれば譲位も致し方ないとする意見が多くを占めた。これを踏まえて、五月に勅使として武家伝奏の三条西実条《さねえだ》と中院通村《なかのいんみちむら》が江戸に下向したが、天皇の譲位の意向に将軍秀忠は同意せず、皇子の誕生を待ってからでも「いまだおそからぬ御事」として延期が告げられ、家光も「しょうこく様（秀忠）仰せ次第にあそばされ候べく候」（『東武実録』）と同様な回答であった。同年五月には中宮和子が懐妊しており、その出産まではと考えたのかもしれない（結局、八月に出産したが、姫であった）。

そのような折、将軍家光の乳母《うば》ふくが上洛し、ふくと多少縁戚のあった三条西実条の妹分として参内資格を無理に与え、天皇に拝謁して、天皇から「春日《かすが》」という局号を得た。土御門泰重がその日記に「帝道、民の塗炭《とたん》に落ち候事候」（『泰重卿記』）と記したように、天皇はじめ公家衆はその不快の意を隠せなかった。

突然の譲位

そして十一月八日、天皇は朝廷内および幕府側に知らせないまま、突然、興子《おきこ》内親王に譲位をおこなった。この事件については、「天皇が俄《にわか》に皇位を女一宮に譲られた。近侍の公卿といえども、今日までこのことを知る者がいなかった。中宮といえども特に知らされることなく、夜に入って天皇がお渡りになって譲位をしたことが告げられると、驚くこと限りなく、急ぎ早馬を立てて江戸へ知らせ、中宮附の天野長信《あまのながのぶ》に直書を持たせ大御所秀忠へ遣わした。この夜から中宮御所の門は閉ざされ、女中の出入りが禁じられ、厳しく制限されることとなった」（『徳川実紀』二）などと記されている。

また、天皇の側近土御門泰重の日記には、「禁裏小番《きんりこばん》の番頭の中御門宣衡大納言より、息泰広《やすひろ》とともに早々に束帯を着け朝参すべきとの触《ふれ》が来て、（中略）束帯とのことで何の御用なのかも知れず不審に思うが、食後、自邸で基秀《もとひで》父子ともども束帯を着け、（中略）三人同道して徒歩で参内した。しばらくして公卿・殿上人《てんじょうびと》は残らず束帯にて参勤したが、どのような子細かわからず、いずれも不審であった。儀式が始まり、公卿らが着陣して奉《ぶ》行《ぎょう》の園基音《そのもとなり》が譲位の儀を告げると、はじめてみな驚愕の様子であった」（『泰重卿記』）と記されており、日野資勝《ひのすけかつ》の日記にも、「参内して園基音や中院通村、そのほか皆に尋ねても承知しておらず、その後参内してきた二条康道《やすみち》から、譲位の儀だと告げられた」（「資勝卿記」）と記されている。

当日の午前八時頃に、公家衆に束帯で参内するように触れが出される一方、譲位の儀は秘密裏に進められ、公家たちは用件を知らされず、節会が譲位の儀となると、多くの公家にとっては驚天動地のことであった。土御門泰重の日記の同年十月条を一瞥すると、天皇から「口外不出の事」を仰せ出されたり、「密々事」を伝えられたりしていることなどが記録されているので、事前に譲位の儀を伝えられていた可能性もあるが、その期日については必ずしも明確に知らされていたわけではなかったようで、西洞院時慶《にしのとういんときよし》の日記には、この件を知っていたのは中御門宣衡のみであったと記されている（「時慶卿記」『京都の歴史』)。

その後、院参の公家が命じられ、院執事三条西実条、廐《うまやの》別当《べっとう》西園寺《さいおんじ》公益《きんます》、院執事中御門宣衡をはじめ、中院通村、土御門泰重、阿野《あの》実顕《さねあき》などが院司衆に補せられた。通常は譲位にあたって院御所が設けられて、その段取りを経て譲位がなされるわけだが、この時は和子の住まいである中宮御所が院の仮御所となったのである。翌日には後水尾上皇の布衣《ほい》始《はじめ》がなされ、中宮の院号定がおこなわれて東福門院《とうふくもんいん》と定められた。

この結果、わずか七歳の女帝が誕生し、徳川家の血脈を受け継ぐ明正天皇が践祚した。ただし、明正天皇の場合、幼いことから正月の四方拝《しほうはい》、さらには小朝拝《こちょうはい》もおこなわれなかった。

秀忠の返信と武家伝奏の更迭

後水尾天皇譲位の翌日、天皇の叡慮を事前に知らされなかった京都所《しょ》司代《しだい》板倉《いたくら》重宗《しげむね》は、中宮方へ伺候《しこう》し、「思いもよらぬ俄《にわか》の譲位、なかなか当惑この上なく、言語道断のことである。江戸の両御所（秀忠・家光）に知らせてお返事があるまで穏便に過ごし、機嫌を損なわぬように上皇へ申し上げるように」と伝えた。

十二月一日、中院と土御門が所司代板倉と面会し、今回の儀につき、なぜ譲位ということになったか所司代としては不審であり、公私にわたりすべてのことについて覚悟して返答すべきであり、女帝となったのは古代より久しく、前例もないことを林道春《はやしどうしゅん》より申してきていると伝えられた。

江戸に下向した中宮附天野が十一月十三日に江戸に参着し、土井利勝《どいとしかつ》を通じて秀忠・家光に言上すると、両者ともに機嫌を損ね、中宮への返信はようやく翌十二月二十三日のことであった（『徳川実紀』二）。その後、大御所秀忠から中宮宛ての返書がようやく天野を通じて所司代板倉へ渡され、譲位の儀は驚くべきことであったが、「叡慮次第」で公家たちの心配は無用だという仰せであった（『泰重卿記』）。これにより、上皇は中宮御所より中宮御里御所へ移り、中宮御所の出入りも解禁となった。寛永七年（一六三七）正月となり、幕府は所司代板倉を江戸に召還し、朝廷への対応策を練った。

同七年九月十二日、明正天皇の即位式がおこなわれ、江戸からは老中酒井忠世《さかいただよ》・土井利勝らが派遣された。そして十四日、酒井・土井のほか板倉重宗・崇伝《すうでん》が施薬院《せやくいん》にて院に仕える三条西実条・中御門尚良《ひさよし》・阿野実顕を招いて幕府の意向を伝えた。

そこでは、「伝奏の中院通村は秀忠・家光両御所の意思に叶わず更迭され、別人と交代が仰せ付けられた。このため日野資勝は昵近衆《じっきんしゅう》であり、父唯心《ゆいしん》（輝資《てるすけ》）以来、特に幕府への奉公を尽くす家柄で登用すべしとの仰せである。天皇および上皇の理解を得よとの命である」と告げられ、公卿らが更迭の理由を尋ねると、崇伝は「両御所の意向をはっきりとは伺っていないが、（寛永三年の）二条城行幸からの取計いの様子に毎度言動に荒いところが目に障《さわ》り、それが積もり積もっての結果である」（『本光国師《ほんこうこくし》日記』）と伝えられた。

これにより日野資勝が武家伝奏に仰せ付けられ、同十六日、酒井・土井・板倉・崇伝が三条西と日野を呼んで、摂政一条昭良《いちじょうあきよし》邸に摂家衆が集い、秀忠・家光両御所の意向が次のように伝えられた（『本光国師日記』）。

このたび女帝が皇位に即いたのは、平安期以来の千年ぶりのことで、その例もないことである。そのうえ後水尾天皇は壮年であるので皇子が誕生して良い時に譲位・即位をおこなうものと思っていたが、去る冬、俄に譲位されたことは驚くべきことである。しかし、あれこれ申し上げることもできず、叡慮次第とした。このたび即位がなされたものの、秀忠・家光ともに遠国にいるわけで、禁中の様子がわからないことから、摂家方が協議して異見を申し上げ、政務に支障を生じぬよう、あわせて公家衆が各家の学問や法度など、家康公が定めたことに相違がないように申し渡し、万一幕府への連絡・確認がない場合には摂家方の落ち度となる。

このように、幕初以来の朝廷における摂家支配を確認し、幕府への事前連絡および確認を改めて指示して、そうしたシステムに支障が生じた場合は摂家が責任を負わねばならないことを明示したのである。

いずれにせよ、天皇の動静をきちんと把握し、その叡慮については、朝廷内で吟味がおこなわれたうえで幕府側に伝わり、意思の疎通が図られるシステムを必要としていたわけである。天皇の叡慮や朝廷側の要望については、武家伝奏から所司代を通して江戸に「御内慮」という形で幕府に事前伺い（「内慮伺い」）を立て、幕府の承認を得て初めて正式に天皇から仰せ出されることを基本とするようになった。このシステムは概ね十七世紀後半に確立していくものと考えているが、難しい懸案の場合は、天皇の「御内慮」を幕府に仰せ出されてよいかどうかを朝廷から所司代に諮問する「御内談」という方法もとられていた。

公家の召喚と江戸軟禁

寛永十二年（一六三五）三月、中院通村は息通純《みちずみ》とともに江戸に召し出され、寛永寺に幽閉され、同年十月二日天海《てんかい》の願いによって赦免され、帰京となった。幕府側の記録には、「中院大納言通村卿 幷《ならびに》 息宰相通純卿、拝謁せらる、故《ゆえ》ありてしばらく籠居《ろうきょ》の所、大僧正《だいそうじょう》天海聞えあぐる旨ありて、御ゆるし蒙《こうむ》りしとぞ、（中略）中院大納言通村卿に銀百枚、小袖十、宰相通純卿に銀三十枚、小袖六つつかはされ、帰洛の暇《いとま》賜ふ」（『徳川実紀』二）と筆録されている。

後水尾天皇の譲位の後に武家伝奏を罷免《ひめん》されてから五年も経ってからのことで、なぜ中院は江戸に籠居となったのだろうか。

土佐《とさ》藩儒学者の谷重遠《たにしげとお》が元禄期に渋川春海《しぶかわはるみ》の談話を記したといわれる「新蘆面命《しんろめんめい》」下には、次のような記事が掲載されている。

後水尾天皇が突然譲位をしたことで、所司代板倉重宗が近衛信尋《のぶひろ》を訪れ、皇嗣《こうし》を決めることなく、江戸に事前連絡もおこなわず、なぜ勝手な行動に出たのかを尋ね、不承知との回答であった。このため中院通村に尋ねたところ、通村が応えるには、何が面白くて天皇の位に居座るものか、ある僧に紫衣《しえ》を勅許《ちょっきょ》しても、江戸で奪われてしまう。これでどうして皇位にいられるものであるか。板倉は驚いて江戸に上申したところ、大御所秀忠が大いに機嫌を損じ、旧例のように上皇を隠岐《おき》島に流すべきではないかと仰せられたところ、将軍家光が諫《いさ》めて、これは上皇側が道理にかなったことであるから上皇にお詫《わ》びなさるようにと再三申し、明正天皇が即位して事が済むと、中院を江戸に召し寄せ、四、五年、江戸に幽閉され、中院の落ち度とされた。また家光より中院へ懐紙を所望された時には、後水尾天皇が詠んだ「葦原《あしはら》やしげらばしげれ」の歌が遣わされ、家光の申し出を断ったという。

「新蘆面命」には、幕府に事前の伺いを立てず後水尾天皇が譲位をおこなった理由について、近衛信尋に尋ねたが不承知であり、さらに中院通村に尋ねたところ、通村からは、いわゆる紫衣事件に対する憤懣《ふんまん》から譲位に至った理由が説明されている。後水尾天皇が憤例に従い、十数人の僧侶に紫衣着用の勅許を与えてきたが、幕府が事前に勅許の相談のなかったことを法度違反として多くの勅許状を無効とし、幕府に抗議をおこなった大徳寺の沢庵宗彭《たくあんそうほう》らが寛永六年（一六二九）に配流に処せられた事件である。古くから、この紫衣事件が譲位理由の一つに考えられてきたが、むしろ後水尾天皇の譲位への執着が帰結した結果であったと考えられる。

秀忠が激怒をしたことはそれなりに理のあることだが、上皇の隠岐配流を口にしたのに対して、家光が諫め、宥《なだ》めたことで事なきを得たとの記載は、創作に等しい。同じように、岡山藩の儒者湯浅常山《ゆあさじょうざん》の『文会雑記《ぶんかいざつき》』には次のように記されている。

中院通村が江戸に久しく留められたのは、後水尾天皇の譲位を事前に幕府へ仰せられるべきところ、知らせがなかったためで、通村を招いて、なぜ譲位を江戸に知らせなかったかと問うと、勅命にて漏らすことはできず、板倉から内々にて知らせるべきではないかと言われると、勅命に背くことなどできるわけはなく、自分は天皇の臣であり、将軍の臣ではないと答え、板倉は詞《ことば》が出なかった。公家衆が江戸に下る際には皆留めおかれていることから、通村も久しく江戸に逗留となった。また、後水尾天皇の譲位によって幕府と不和になった。

なぜ譲位を江戸に知らせなかったかと幕府に詰問された際には「自分は天皇の臣であり、

将軍の臣ではない」と述べたことが記されているが、そのような史実は確認できず、中院を江戸に召喚したことは確かであるが、四、五年幽閉したとの記載は誤りである。加えて、家光の懐紙の要望に対して中院通村が断ったことや、後水尾天皇が譲位の際に詠んだと伝えられる「葦原やしげらばしげれ」の歌が遣わされたことなどは、いずれも史実として確認ができない。

また、神谷養勇軒《かみやようゆうけん》編『新著聞集《しんちよもんじゆう》』には、江戸幽閉中に将軍家光から古今伝授《こきんでんじゆ》を乞われた際、「公家の秘する処にて、容易にわたしがたき道なり」と断ったという話が伝えられたり、岡山藩の有職故実家土肥経平《どひつねひら》が書き残した『風のしがらみ』には「通村卿関東にしばし抑留《よくりゆう》ありしは、将軍家より歌道伝授の事望たまひしに、許容なかりし故の事なりとぞ。しかるに上野の天海大僧正のとりはからひし事ありて、将軍家にもこのこと思ひとどまり給ひて、事故なく通村卿も上洛ありしとぞ」と記されているが、いずれも史実としては疑わしい。

後水尾上皇が幽閉された中院に対して贈ったとされる御製「思ふより月日経《へ》にけり一日だに見ぬは多くの秋にやはあらぬ」が「鷗巣集《おうそうしゆう》」に掲載されていることが踏まえられたり、「落穂雑談一言集《おちぼざつだんいちげんしゆう》」には、天海が家光に取りなして、古今伝授を授けさせてそれにより赦免を請おうとしたが通村は家光の未熟さを踏まえて断り、その後家光が赦して帰らせたとの記述がみられたりするが、こうした伝説を組み込みながら記されていると推測される。

先述したように、通村は寛永十二年（一六三五）に江戸で幽閉されたわけだが、この点を同七年の譲位事件と単純に結びつけてよいかは一考を要する。

通村は、譲位事件直後の同八年十二月には正二位に昇っている。そして譲位に憤った大御所秀忠は同九年に没しており、同十一年七月には将軍家光が上洛（代替わりの上洛）して参内し、摂家ほか公家衆を二条城に招いて饗宴を催すほか、同閏七月、院御料七千石を献じた。そして、仙洞御所に老中・所司代を遣わし「武家より院御沙汰これあるべきの旨」（「道房公記」同十四年十二月三日条）を伝えて、後水尾上皇による「院政」を申し入れたことで、朝廷内では、遅延した右大臣および内大臣の任官も同十二年七月には落着した（野村玄『日本近世国家の確立と天皇』）。

同十二年九月、家光が一条昭良から二条康道への交代を承諾するなど、幕府と朝廷との緊張関係は和らぎ、このタイミングで中院を江戸に召喚し、一定期間、籠居させるということは、後水尾上皇による「院政」の実働部隊の筆頭である中院通村を取り除いて、幕府と後水尾天皇の譲位との関係で江戸幽閉となったことは考えにくい。そして、『徳川実紀』三には、「中院大納言通村幷長子妻妾通純卿も去年御勘気ゆりしを謝し拝謁す」（寛永十三年三月十五日条）と記されていることから考えると、許されたのちは、将軍家光との関係も改善されたものと思われる。そのように考えてくると、譲位事件との関係よりもむしろ個人的に何か落ち度があったことで一時的な籠居を科されたと考えられる。この点の謎は未だ判然としない。

中院通村の母は細川藤孝《ほそかわふじたか》の娘であり（熊本藩主細川忠興《ただおき》とは義兄弟の関係）、藤孝や三条西実条らから歌道を学び、その才能は古今伝授を受けた歌人として評価が高く、後水尾院歌壇において天皇御製の添削を命じられたほどであった。通村は正保四年（一六四七）には内大臣となるが間もなく辞し、承応二年（一六五三）に没した。

御内慮を貫く

天明回禄と禁裏造営

天明八年（一七八八）正月晦日、天明回禄《かいろく》（京都大火）により京都御所は焼失した。光格《こうかく》天皇は、下鴨社、さらには聖護院《しょうごいん》と避難をして仮御所とした。その後、内裏の再建が進められ、朝廷内では、平安朝の古制に則った御所造営が目指されることとなった。

これに対して、幕閣の中心にあった老中松平定信《まつだいらさだのぶ》は、その自叙伝『宇下人言《うげのひとこと》』に、「上京の時、御所造営には計り知れない多額な出費となるだろう。ことに朝廷側の復古の要望が強いものであれば、どのような意向が朝廷より示されてくるかがわからないので、関白殿（鷹司輔平《たかつかさすけひら》）に謁見して、その理由を詳しく伺うことを依頼した」と記すように、定信自らが上洛して、朝廷側との交渉に当たった。

費用の捻出をおこなう幕府側では、朝廷側の主張する復古の要望を満たすためには多額の出費が必要となり、慢性的な財政難という事情を抱える幕府の代表者定信としては、財政難で苦慮していることや天災や飢饉《ききん》の状況下で率先して質素の模範を示すようにと朝廷を納得させるように伝えた。

しかし、右のような費用の削減を指示したものの、朝廷側の強い姿勢に押し切られ、結局、復古的な御所造営の要求が実現されることとなった。こののち、定信は京都所司代《しょしだい》や京都町奉行に対して、今回は朝廷の要求に沿って御所の造営をおこなうが、今後、朝廷の新規の要求には応じないことを幕府の基本方針だとして伝えた（藤田覚『近世政治史と天皇』）。

公家衆大放蕩一件

松平定信に近侍した水野為長《みずのためなが》によって徒目付《かちめつけ》ら隠密《おんみつ》とともに江戸市中の世評などを収集して報告された文書『よしの冊子《ぞうし》』下には、「京都公家衆大放蕩《ほうとう》一件に付き、堂上《とうしょう》方臨時参向御座候《ござそうろう》」などという記載がみられる。ここでは、寛政四年（一七九二）十一月末に吟味を受けた九人の公卿《くぎょう》の放蕩事件が題材にとられ、同年十一月二十八日条には、柳原紀光《やなぎわらのりみつ》以下九名について、武家伝奏《ぶけてんそう》がその公用日記に「近ごろ公家たちの中にその品格にふさわしくない行動をとる者がいるとの情報が聞こえてきている。その事実を究明するよう、武家伝奏両人まで厳に伝達するようにと調査が命じられた」（「公武御用雑記」）と書き留めている。

取り調べの結果、九名の公家たちは日頃の不行跡や不法の進退などを理由に、寛政八年八月に永蟄居《えいちっきょ》または蟄居、遠慮などの処罰を受けた。その後も遊興《ゆうきょう》に耽《ひた》る公家衆の不行跡は目立ち、同年十月には、土御門泰栄《つちみかどやすひで》以下十五名の公家に対して、遠慮・閉門《へいもん》などの処罰が関白《かんぱく》の命によって下された。すなわち、前述の『よしの冊子』の記述は、公家衆大放蕩一件と、後述する尊号《そんごう》一件における公家召喚《しょうかん》とを混同して捉えていたのであった。

さらに『よしの冊子』には、「内裏《だいり》造営の儀に付き、松平定信公に対して朝廷から無理難題が仰せられているとのこと。その返報返しに、定信が隠密を京都に送って、今回の公家衆七、八人の悪事を見出された由」という風説が記載され、幕府としては、禁裏造営を契機に幕府の威光を示し公儀権力の回復を期待したわけだが、この件が朝廷側から幕府に向けた無理な要請と受け取られ、その報復として先の公家放蕩事件への吟味がおこなわれたとする風聞が浮上していた。

尊号一件

いわゆる寛政改革が進められる最中、尊号一件という事件が起きた。光格天皇は東山《ひがしやま》天皇の皇孫、閑院宮典仁親王《かんいんのみやすけひと》の第六皇子に生まれ、将来は聖護院門跡《もんぜき》を継ぐ予定であったが、安永八年（一七七九）十月後桃園《ごももぞの》天皇死去の際、養子として皇嗣《こうし》になり、十一月に践祚《せんそ》した（図15参照）。

図15　天皇家系図

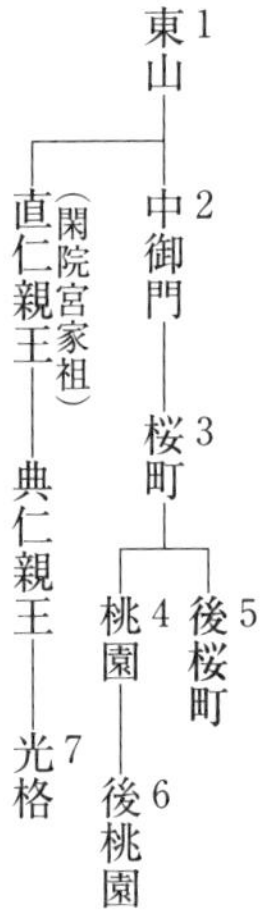

（注）数字は皇位継承順、太字は女性天皇。

天皇として即位したものの、実父典仁親王の立場は、禁中幷公家中諸法度第二条に「三公の下親王」という規定により、その序列が「三公」となる摂関家よりも下位にあることに天皇が不満をもっており、天皇が典仁親王へ、皇位を譲った天皇が受ける「太上《だじょう》天皇」の尊号を贈ろうと考えた。

そこで、天明八年（一七八八）、議奏《ぎそう》中山愛親《なかやまなるちか》が天皇の実父に尊号を与えた先例を天皇に注進し、寛政元年（一七八九）尊号宣下《せんげ》の天皇の御内慮を幕府に伝えた。しかし、老中松平定信は、皇位に即《つ》いていないのに尊号を与えることには賛意できず、朝廷に再考を促した。その後も朝幕間の議論が続けられたが、寛政三年八月に、典仁親王の実弟で松平定信と交友のある鷹司輔平《たかつかさすけひら》が関白を辞して、左大臣一条輝良《いちじょうてるよし》が関白に就いた。輔平は、定信の意思を汲んで尊号宣下には反対の意見をもっていたのである。

同年末、天皇は勅問を廻文にて諸公卿に伝え、尊号宣下に対する意見書を参議以上四十一名の公卿に差し出すように求めた。この結果、鷹司輔平・政熙《まさひろ》父子のような反対意見は少数であり、三十六名の賛意が示され、翌寛政四年正月に幕府へ改めて尊号宣下の許可を訴えた。同年五月にも天皇から催促の意が幕府に伝えられ、十一月には朝廷では御内慮を貫き、尊号宣下を強行することを決め、幕府側に伝えた。

両卿の江戸召喚

そこで幕府は、十月に朝廷側の宣下強行を見合わせることとし、あわせて武家伝奏正親町公明《おおぎまちきんあき》、議奏中山愛親・広橋伊光《ひろはしこれみつ》の公卿三名を江戸に召喚することを伝えた。朝廷側の要請で広橋伊光が外され、ついに尊号宣下は停止という天皇の仰せが出された。中山・正親町の両卿下向は、幕府の催促により、寛政五年正月末となった。この両卿下向には、通常とは異なり、饗応《きょうおう》役となる馳走《ちそう》役が付けられることはなく代官掛かりとなった。

江戸に着いた両卿に対しては、まず松平定信邸（白河《しらかわ》藩江戸上屋敷）にて老中列座で尋問がなされ、二度目は江戸城において中山、正親町がそれぞれ一人ずつ尋問され、両者が誘引されて尋問がなされた。そして三度目は松平乗完《まつだいらのりさだ》邸（三河西尾藩江戸上屋敷）においてなされた。そこでは、天皇の宸翰《しんかん》を持参したことや、幕府からの返事がない中で尊号宣下を決定していったことが問題視され、三月に処分がおこなわれた。

その際、幕閣では処罰をめぐって議論となったが、最終的には両卿の閉門・逼塞《ひっそく》の処罰を幕府が直接おこない、武家伝奏・議奏の役職の罷免《ひめん》は幕府の内意を朝廷に伝え、朝廷が免職するという形式をとって一定の配慮をした。

こうして両卿は、老中戸田氏教《とだうじのり》の邸宅に招かれ、松平定信が中山に対して「尊号御内慮一件、取計《とりはか》らい行届《ゆきとど》かず、（中略）不束《ふつつか》の御答え、並びに軽率なる取計らい」を「不埒《ふらち》」だとして百日の閉門（屋敷の門と窓を閉じ、出入りを禁じる刑）を申し渡し、正親町には「御尋ね共これ有るところ、体段《たいだん》を失し候儀、不束の取計らい、御役柄《やくがら》別して行届かざる儀」だとして五十日の逼塞（門を閉ざして昼間の出入りを禁じる刑）を仰せ付けた。その後、両卿は高家六角広孝《こうけろつかくひろたか》に促され、伝奏屋敷から青松寺《せいしょうじ》に移され、二日後に出立して三月二十二日にようやく上洛した。両卿には徒目付が随行したが、これはいわば罪人の体がとられていたわけである。

この処罰に並行して、京都に残る公家たちの処分が朝廷へ伝えられ、武家伝奏万里小路《までのこうじ》政房《まさふさ》と議奏広橋伊光は京都所司代邸に呼び出され、それぞれ差控《さしひかえ》三十日（万里小路は伝奏役御免）が申し渡され、議奏勧修寺経逸《かじゅうじつねはや》・甘露寺篤長《かんろじあつなが》・千種有政《ちぐさありまさ》らは、「不行届《ふゆきとどき》」により「急度相心得候様《きっとあいこころえそうろうよう》」にということで叱責《しっせき》の処罰を受けた。

関白一条輝良は、その日記に「本人へ直接（処罰を）申し渡すということは、公家の面目を失することであり、御定めとなっているように、先例の御咎《おとが》め筋は本人へ直接仰せ渡す事は一切なく、人づてに仰せ下すことが慣例である」（「輝良公記」）と記し、今回の処罰の手続きが異例なことだと認識し、幕府による直接の処罰申し渡しは、公家の「面目を失う」ものだと捉えた。

所司代から朝廷に処罰が申し渡された際には、典仁親王に二千俵の加増と合わせて三千俵が給されることが伝えられた。幕府は典仁親王の待遇改善を経済面から補ったわけで、ここに事件は落着したかとみえた。

松平定信は、尊号一件関係文書を三重箱に収め、蓋には、「決して開封すべからず」と自署して他者の閲覧を禁じ、のちの世に伝えた。天明八年（一七八八）八月の「将軍家御心得十五か条」（『楽翁公伝』）の中で、将軍に対して「天下は天下の天下、一人の天下にあらずと申し候、まして六十余州は　禁廷より御預かり遊ばされ候御事に御座候へば、かりそめにも御自身のものと思し召すまじき御事に候」と説き、日本の国土を天皇から預けられたものだと主張した定信がこの一件を自らどのように捉え、他見を許さず封印をしたか、とても興味深い問題である。

大御所問題と処罰の風聞

尊号一件の背景には、十一代将軍徳川家斉《とくがわいえなり》と実父の大御所《おおごしょ》問題があった。当時、家斉が実父一橋治済《ひとつばしはるさだ》（図16参照）を江戸城西の丸に迎え、大御所の称号を贈ろうと考えていたが、松平定信はこれに反対しており、尊号一件と同様な案件を抱えていた。

当時の風聞には、「（寛政五年〈一七九三〉二月）十六日、公家衆登城の節、下乗まで乗

図16　徳川家系図

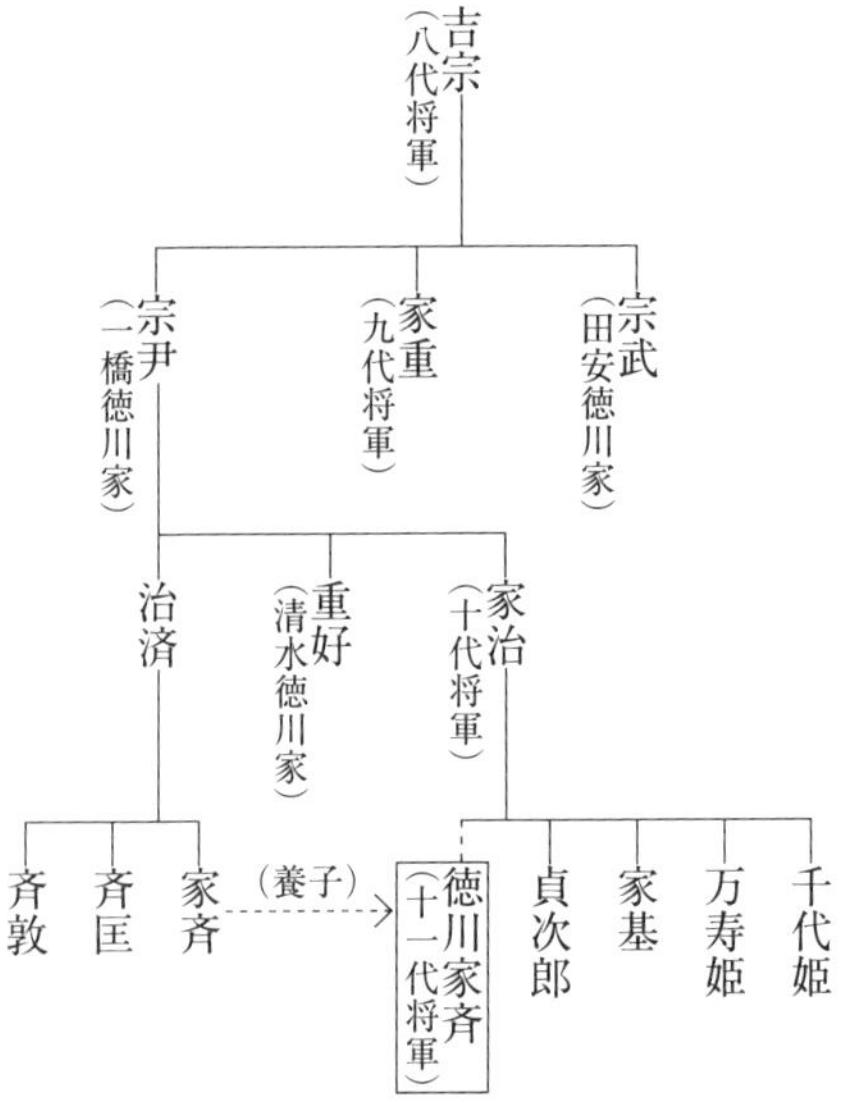

物を担いで乗り入れようと少々上がり込んだところ、百人番所より同心らが棒を持ち出して、大いに若党を叱り、担ぐ乗物を降ろさせたため、公家衆しおしおと乗物を降りることになった由。誠に見るに堪えない有り様で、あのように棒などで突いてくるなどはないことだ。あまりに厳しい取扱い方だと噂している由」（『よしの冊子』下）などと記されている。

この記述はかなり疑わしいところがあるが、幕府の両卿に対する処遇は、通常の勅使下向とはまったく異なり、大名による御馳走人の接待が付けられず、公家とすれば思いのほか冷遇で、このことに対する不満や公家衆への同情が表されている。「両卿（中山・正親町）弁当遣わす、但し坊主衆世話いたし、御代官御賄より弁当廻し申候」（「安藤日記」寛政五年二月十六日条）という記録があるように、江戸城の坊主衆が両卿の世話に当っていたことがわかり、彼らは公家衆の不満に最も身近な存在であった。

当然ながら、尊号一件の処罰が朝廷側に与えた影響は、少なくなかった。当時の公家の一人甘露寺国長《くになが》は、その日記に「偏《ひとえ》に関東の縦意《しょうい》（横暴な意図）、もって朝廷を蔑《さげす》むの条、甚《はなは》だもって奇怪、武運□（虫損）亡、ただ今に有らず、数日遠からず」（「国長卿記」寛政五年三月十一日条）などと記し、幕府の処罰に怒りを隠せず、幕府の衰えの見通しまでも書き留めている。また今出川実種《いまでがわさねたね》はその日記（「実種公記」寛政五年三月十四日条）に次のように記して、怒りを顕わにした。

> 家康公以来、公家と武家は別格である。これまでにおいて朝廷の政務（処罰）は、幕府によって執りおこなわれることはかってなく、これは天皇を深く崇敬するからである。そうは言っても近年、地下《じげ》の者たちが罪を犯し、幕府が猥《みだ》りに捕縛し、事が露見して辱《はずかし》めを受けたほか、幕府による処罰がおこなわれることは、朝廷の衰亡であり、今回の処置は、光格天皇を蔑むもので、公家たちが辱められるのはその罪ゆえでなく、幕府の薄情によるもので世も末である、当代の幕府の衰亡も遠くはない。

江戸での両卿の評判と風説の広がり

寛政期の尊号一件は、幕府による公家の直接的処罰によって幕府権力をまざまざと見せつけた。江戸後期の文人加藤曳尾庵《かとうえびあん》が記した『我衣《わがころも》』には、江戸に召喚された中山愛親と正親町公明の両卿を題材に詠んだ、次のような落首が掲げられている。

逼塞と聞て早速発足《さっそくほっそく》と　沙汰より正親町かいの筋

中山のこんにゃく玉の悪玉で　光りはぬけて帰る閉門

しかし、江戸での両卿尋問については、二様の理解が生まれていた。一つは、「越中様（松平定信）御尋ね殊《こと》のほか宜く御出来成され、三奉行も感心仕《つかまつ》り候由」「西下（松平定信）御対話の趣は、殊に感服仕り候事と、奥向きにて取ざた仕り候よし」（『よしの冊子』下）などと、定信による両卿尋問が首尾よくおこなわれ、両卿も幕府権威にひれ伏すがごとく、成果をあげたことが奥向で評せられていた。

もう一つは、「しかし公家衆至って弁舌《べんぜつ》にて、段々言廻《いいまわ》され、御老中も御ひがみ成され候事御座候、とさた仕候よし」というように、両卿の弁舌が優れ、巧みな受け応えで老中たちもひがんでいるという噂が立っていたのである。

中山と正親町の江戸召喚と処罰という結果にもかかわらず、先に述べた公卿尋問に関する風評では、議奏中山愛親の評判を上げることになり、近世中後期の儒者平賀蕉斎《ひらがしょうさい》の随筆『蕉斎筆記』には、次のように記されている。

江戸にては、染め物で大名格子《こうし》へ横に大筋のかん貫《ぬき》を入れ、中山愛親の紋所《もんどころ》を大きく、松平定信の家紋梅鉢《うめばち》を小さく染めたものが中山染めとして流行った。また京都にては、すべて勝負事を称えて碁《ご》を打つにも、これは中山じゃ、こっちは白川じゃなどと言っている。右の説はきっと浮説《ふせつ》が多いことであろう。当事者にしかわからないところだが、織田縫殿《ぬい》が京都より来て咄《はな》していった。またロさがない者の説くところであろう。

江戸では「中山染め」という染め物が流行っており、碁を打つにも中山、白川（白河藩主＝松平定信）に分かれて対峙する状況が醸し出されており、中山と定信との劇化が話題になっていたことがわかる。関白一条輝良の日記には、「紹安来《しょうあんきた》りてこれに見《まみ》える、江戸において中山前大納言取り沙汰甚だ宜き旨申すと云々《うんぬん》」（「輝良公記」寛政五年〈一七九三〉三月二十五日条）と記され、虚説が流布するなか、江戸での中山の評判が京都にも伝わっていた。

このように、議奏中山愛親と時の執政である老中松平定信とが相対峙され、寛政改革の主体である定信への社会的批判を背景に、虚説が展開した。このような状況で成立する風説書がより事実から物語化していく契機となったのが、寛政五年七月二十三日の松平定信の老中解任である。

『蕉斎筆記』には「白川侯（松平定信）御老中御免の事、その訳を諸人知るべき様もなし、前にも記せる通り、江戸にて、京かかり合いの相手をこしらえたる成《なる》べし」と説かれたり、『よしの冊子』には「(寛政五年七月)二十三日越中様(松平定信)御役御免溜詰《たまりづめ》仰せ付けられ候、(中略)これは京都から関東へ何か御難題が言いて来たに付きて、西下(定信)でかぶって御仕舞《おしまい》成されたに相違ないと申し居り候よし」などと記され、尊号一件と定信の老中解任とを積極的に結び付ける浮説が流布し、尊号一件に対する公家側の反応が定信解任の背景の一つとなったというのである。

このように、尊号一件風説書は、事件当初から様々な風説が生み出され、朝政を担う公家の処罰という決着にもかかわらず、公家の不満とともに公家贔屓《びいき》の風説が創出されたほか、定信の老中解任が寛政改革への社会的批判の機運にのって、幕府権力を失墜させる「中山大納言」像をより鮮明にするという虚説の増長をもたらした。

『よしの冊子』には、「如何《いかが》してかくの如《ごと》く下《しも》へはしれざる事に候哉、これより間違いの節、小説本出来候事と考えられ候。しかも公家衆 各《おのおの》弁舌にては却《かえ》ってこれ無く、吟味にも及ばざるほどの閉口のところ、すでに一浮説はかくの如くに怪事なり。至ての虚説」などと記され、瞬く間に浮説は広がり、庶民が知るところにまで至っており、様々な浮説が広がった末、誤った解釈、史実とは異なる理解が加味されて、そうした風説が増長して小説本が成立するにまで発展し、驚きの事態となったことが推測される。

中山愛親の墓は、京都の廬山寺《ろざんじ》にあるが、この墓に中山愛親表彰碑が並んで立っている。

明治十七年（一八八四）、典仁親王（陵墓は廬山寺にある）の九十年忌を期して慶光天皇の諡号が贈られ、同時に中山愛親は従一位を追贈された。この碑は愛親の贈位を記念し建立されたものである。

尊号一件風説書の成長と「中山物語」

これまで記述した風説の延長に小説の端緒となる風説書が成立し、その一書に「反汗秘録《はんかんひろく》」がある。「反汗」は一度出た命令が改められるという意味があり、光格天皇の太上尊号の御内慮が幕府の意向によって阻まれたことに喩えられていると思われる。

そして尊号一件に関わる主要な人物を取り上げ、その人物のエピソードを中心に展開し、朝廷では、典仁親王や光格天皇、鷹司輔平・中山愛親・正親町公明などが取り上げられている。光格天皇については、これまでの天皇の直系とは異なり、世襲親王家の閑院宮家から養子に入った天皇が、朝廷内で「一段軽々しく」認識されていた状況が一部公家の口の端にのぼっていたことを伝えている。

また、松平定信と意を通じて尊号宣下には賛意を示さなかった関白鷹司輔平に替わって一条輝良が関白となって宣下を推進し、これが幕府に拒否された後、再び鷹司政熙が左大臣となり関白に就くこととなり、幕府側と融和を保つことが説かれているなど、朝廷内部の事情に通じた立場の筆によることも考えられる。

「反汗秘録」の巻末には「この節京わらんべの戯れに、越中《えっちゅう》にたてつく山が二つあり、京に中山・備前《びぜん》岡山」といった記述があり、尊号一件で召喚された公家中山愛親と、定信（越中守）による寛政改革下の倹約令にもかかわらず、放漫財政を展開したことで知られる備前岡山藩主池田《いけだ》治政《はるまさ》を暗に指している。「この節京わらんべの戯れ」と記され、京中の公家衆や彼らを取り巻く人々を中心に、当世の政治不満などが加味されて風説が流布したことが推定される。尊号一件の処罰書は、『視聴草《みききぐさ》』『落葉集』『半日閑話』『蕉斎筆記』『我衣』など多くの随筆に散見され、当時の社会において衆目を集める話題となっていた。

江戸に召喚された議奏中山愛親と松平定信の問答について、中山が官位の優越から平伏はしないと主張し、定信が苦々しく思って「手強き人なり」と捉える姿が記され、松平定信による両卿尋問のクライマックスの場面は、次のように記されている。

禁裏の御事は、中山殿御一人にて万事取計らっていると承知しているが、その通りであるか。その時、中山が威儀を正して申すには、これは思いも寄らぬことを仰せではありませんか。こちらは議奏同役四人がおり、何事も相談しております。武家伝奏も両名おり、皆々と相談してやっております。（中略）何ゆえ天皇への諫言を申し上げなかったのか、不審の至りです。ただ今両卿の返答によっては厳しい措置が伝えられるので、覚悟をして返答せよと伝えると、その時中山はからからと打ち笑って申すには、何事かと思っておりましたが、（中略）武器を並べ老中の権威をもって押さえ付け、是が非でも承知するように取計ろうとするおつもりでしょうか。（中略）先ず将軍は一橋家の御子でありますが、その御実父は昇進もなく、格式はこれまでの通りとされていることは、将軍の意向でございます。それをどうして禁裏に対して恩にきせられるはずがございません。（中略）臣として君の御父を尊敬なされるように申し上げることは、これ臣の道であります。（中略）そうであれば、手前どもが諫言申し上げる筋はなく、何ゆえ諫言を申し上げるなどと仰るのでしょうか、理解ができません。もちろん、このたび将軍家より手前どもをお召しになって仰せわたされることは、すべて承知ができません。

「反汗秘録」においては、中山が独断で尊号宣下を進めたのかという尋問に対して、同役と合議体制をとっていたと回答し、天皇への諫奏については、「からからと打ち笑って」将軍実父には未だ大御所の称号を与えず、家臣として将軍が実父への孝を尽くすことを申し上げることが臣としての道で、諫言を申し上げる筋ではなく、この江戸召喚も承知しがたいと返答しているように、中山が江戸での尋問で堂々と論破する活躍を描いている。

しかし、これは明らかに虚説で、幕府権力のもと両人は罪人として扱われていたわけで、尋問に対峙するなどは到底困難であった。処罰の申し渡しがさし迫った中山については、

「中山殿答えて、このことは兼て覚悟のことなので、処罰が下されてもさして歎《なげ》くべきことではない。（中略）忠義のためには、幕府を恐れず申すことは覚悟がなくてはできないことである。このうえ将軍の命に背《そむ》くことで、もし断絶に及んで一命をなくしても厭《いと》わない。侘《わ》びごとを申すべき理由はなく（中略）天皇の希望が叶うのであれば、死んでも悦びである」などと、天皇への忠義のため、幕府からお咎めを蒙ることになっても、天皇の意思を実現するためには、死も甘んじて受け入れる、朝廷のヒーローとして描かれている。

「反汗秘録」は、この尊号一件に関わる風説書の端緒となる作品だが、その後、「寛永寺の建立」「徳川和子《まさこ》の入内《じゆだい》」など幕府と朝廷間に起きた話題などを加味し、おびただしい異本ができ、さらに転写の過程で成長して長編化され、いわゆる「中山物語」が成立していった。筆者が確認しうる「中山物語」は、表5のごとく表せる。表5は、岩波書店刊『国書総目録』および国文学研究資料館の日本古典籍目録データベースなどを参照して作成した。

表5の冒頭にある「反汗秘録」と「小夜聞書《さよききがき》」はほとんど同内容の書だが、その後、田《た》沼意次《ぬまおきつぐ》の罪状や佐野政言《さのまさこと》一件、京都大火、禁裏造営なども含めて物語が新たに追加され、「漢中山靖王伝記」三十巻二十冊までに成長していった（本橋ヒロ子「実録・講談『中山大納言』」）。

江戸後期の随筆集『兎園小説《とえん》』には、「中山物語という俗書が世に伝わっており、これは京人の手によるものであろうか。あらぬ事のみ書き尽くし、御禁制のことなど奇を好む者が虚実を考えず、俗客の玩《よろこ》ぶ内容が多く含まれている。このため貸本屋などは、二冊も三冊も写し取って、各所へ貸し出され広く伝わり、厳禁を加えられ、写し取った本屋はお咎めを受け、写本はすべて焼き捨てられ、取り扱った者たちには、過料《かりよう》が科された。これは享和年間（一八〇一～〇四）のことである」と記されており、「中山物語」が禁書として扱われたことがわかる。そして「群書講談事歴」によれば、文化年間（一八〇四～一八）には、高砂町寿亭の夜講で「中山瑞夢伝」の看板を出して講じた赤松瑞龍《あかまつずいりゆう》が捕縛されるという事件まで起きた（拙著『近世の公家社会と幕府』）。

尊号一件は、幕府に対する事前の内談に怯むことなく御内慮が伝えられ、御内慮を貫こうと宣下を実行しようとした公家たちが、幕府の圧倒的な権力のもとに封じられることで終局をみたが、事件そのものよりも、幕府と朝廷をめぐる風説・浮説が社会に与えた影響が大きかったといえる。「中山物語」は近代に入ると、柳沢平右衛門編の『中山大納言松平越中守公武問答記』や福地桜痴《ふくちおうち》『尊号美談』として発刊されている。

表5　尊号一件風説書一覧表

No.	書　名	冊	所蔵機関
1	反汗秘録	25	東図（2），宮書（4），内閣（4），都図，秋図，京図，茨城，高山，宮図，筑図，東史，東北，早図，高歴，静嘉，國學，神宮，東博
2	小夜聞書	2	東図（2），内閣（2），茨歴，刈谷，豊図，鳥取，秋月，高歴，登米，早図，天理，九大，京文，東図
3	夢物語	2	京図，都大
4	寛政秘録	6	国会，内閣，尊経，筑図，京文，神宮
5	寛政夢物語	6	歴彩，岩瀬，東文，早図（2），神宮
6	寛政秘録夢物語	4	国会（4）
7	寛政秘録夢物語	4	筑図，長野，東法，岩瀬
8	中山東物語	4	宮書，慶図，徳島，文資
9	東物語（中山夢物語）	1	文資
10	中山夢物語　上・下	1	早図
11	中白問答	4	内閣，静嘉，天理，早図
12	中山瑞夢伝	5	金沢，習院，東図，都中，神宮
13	中山記	3	東図，神蔭，金沢
14	中山記夢物語	1	九大
15	中山深秘録	3	宮図，家院（2）
16	中山秘録	1	家院
17	中山実録	2	金沢，成貴
18	中山明道実録	3	名大，同志，東図
19	中山観音夢物語	2	東史，東図

No.	書　　名	冊	所蔵機関
20	中山亜相記	1	高知
21	中山亜相名揚記	1	京図
22	中山亜相東下記	1	東図
23	中山亜相公東下記	1	佐野
24	中山大納言夢惣実記	1	早図
25	中山前大納言愛親卿関下向	1	九大
26	両都秘事談	2	慶図，成貴
27	公武和双論記	4	東史，内閣，関西，東北
28	白川夜船夢物語	2	内閣
29	漢中山靖王伝記	4	弘前，豊図，東北，DB
30	漢中山白川賢主問答実録	1	法制

（注）弘前：弘前市立弘前図書館，秋図：秋田県立図書館，東北：東北大学附属図書館，宮図：宮城県立図書館，登米：登米市寿庵文庫，金沢：金沢市立玉川図書館近世史料館，茨歴：茨城県立歴史館，茨城：茨城大菅，佐野：佐野市郷博須永，筑図：筑波大学中央図書館，東史：東京大学史料編纂所，東図：東京大学附属図書館，法制：東京大学法制史資料室，東法：東京大学法学部，東文：東京大学文学部，宮書：宮内庁書陵部，国会：国立国会図書館，内閣：国立公文書館内閣文庫，東博：東京国立博物館，文資：国文学研究資料館，都中：東京都立中央図書館，都大：都立大学図書館，静嘉：静嘉堂文庫，成貴：成貴堂文庫，早図：早稲田大学中央図書館，國學：國學院大學図書館，習院：学習院大学図書館，慶図：慶応義塾図書館，家院：家政学院大学図書館，尊経：尊経閣文庫，長野：長野県立長野図書館，刈谷：刈谷市中央図書館，名大：名古屋大学附属図書館，豊図：豊田市立図書館，岩瀬：西尾市岩瀬文庫，神宮：神宮文庫，同志：同志社大学図書館，京図：京都大学附属図書館，京文：京都大学文学部，歴彩：京都府立京都学・歴彩館，天理：天理図書館，関西：関西大学図書館，神蔭：神戸松蔭女子学院大学図書館，徳島：徳島県立図書館，高歴：高知城歴史博物館山内文庫，高知：高知大学図書館，秋月：秋月博物館，鳥取：鳥取県立図書館，九大：九州大学中央図書館，DB：新日本古典籍総合 DB

勅諚を諸藩に伝える

江戸幕府は、約二百五十年間にわたって政治や外交を専権する形で進めてきたが、江戸末期においては、幕府自ら外交方針について朝廷に報告し、理解を求める政策をおこなった。

条約勅許問題

例えば、文化三年（一八〇六）と同四年の二度にわたり、ロシア船によって樺太《からふと》の松前《まつまえ》藩居留地や択捉《えとろふ》島駐留の幕府軍を攻撃する事件が起き（露寇《ろこう》事件）、同四年に幕府は、「蝦《え》夷《ぞ》地《ち》騒動の伝聞が伝わったことと思います。格別のことではなかったものの、風聞にものぼっているので、心得としてお伝えすべきでしょうか」（「伊光記」）と朝廷に事前確認をとりながら、事件の情報が朝廷に伝えられた（藤田覚『近世政治史と天皇』）。

その後、右の対応が先例となり、朝廷側が幕府に対して対外情勢の報告を求めることになり、弘化二年（一八四五）に老中首座に就いた阿部正弘《あべまさひろ》は、東インド艦隊司令官マシュー＝ペリーが来航し、案件となった通商問題に対して、朝廷をはじめ外様大名すら含めた諸大名、一般民衆からも意見を徴することにした。阿部は、江川英龍《えがわひでたつ》や勝海舟《かつかいしゅう》ら人材の登用をおこなったほか、蕃書調所《ばんしょしらべしょ》などを設置して西洋文明の導入に努めるなどしたが、諸大名が幕政に介入する端緒となり、雄藩や朝廷の発言力を強めることにもなった。

そして安政二年（一八五五）に阿部より老中首座を譲られた堀田正睦《ほったまさよし》は、同五年、アメリカ総領事のタウンゼント＝ハリスが日米修好通商条約の調印を求めて来ると、孝明《こうめい》天皇から条約調印の勅許《ちょっきょ》を得ようとした。

条約勅許問題と並行して政治問題となっていたのが十三代将軍家定《いえさだ》の継嗣《けいし》問題である。紀州藩の徳川慶福《とくがわよしとみ》を推す井伊直弼《いいなおすけ》ら南紀派と、一橋慶喜《ひとつばしよしのぶ》を推す徳川斉昭《なりあき》・松平慶永《まつだいらよしなが》ら一橋派との対立である。井伊直弼は彦根藩士長野義言《ながのよしとき》を京都に派遣して諸公家に運動させ、関白九条尚忠《くじょうひさただ》と気脈を通じさせた。一方、松平慶永は福井藩士橋本左内《はしもとさない》を上京させ、青《しょう》蓮院宮尊融法親王《れんいんのみやそんゆうほっしんのう》（のち朝彦《あさひこ》親王）や左大臣近衛忠熙《このえただひろ》、内大臣三条実万《さんじょうさねつむ》らを説いて、慶喜を将軍継嗣にするよう運動させたうえ、前関白鷹司政通《たかつかさまさみち》・右大臣輔熙《すけひろ》父子を一橋派に引き入れていた。

孝明天皇の攘夷論

堀田正睦は自ら上洛し、同年二月に武家伝奏《ぶけてんそう》と議奏《ぎそう》に会見し、勘定奉行川路聖謨《かわじとしあきら》と目付岩瀬忠震《いわせただなり》らが説明した文書を提出した。これに対して朝廷内では、天皇より大臣・武家伝奏・議奏らに諮問がなされたほか、参議以上の現任公卿《くぎょう》全員に諮問がなされており、その結果はおおよそ条件付きで条約調印容認と考えていた（『講座・前近代の天皇』二）。

こうした公家たちの意見に対して、天皇は関白九条尚忠への書翰で「これに依《よ》り開港・開市の事、如何様《いかよう》にも閣老上京の上、演舌《えんぜつ》候共、固《かた》く許容これ無き様、況《いわ》んや畿内近国は申す迄、無き事と存じ候」と記して勅許を拒否する意志を示し、妥協に傾く左大臣近衛忠熙や内大臣三条実万らに助力を要請した。

一方、天皇は関白について、「格別厳しく仰せられ候て御受は申さず、公武御隔間に成り候ては、今日の事に掛かり、甚《はなは》だ心配の至りに候、（中略）役人に成り候は、心にいか程思い候共、又々さ程にも致しかたなく」（「孝明天皇書翰」『大日本維新史料』三―三）などと記して、朝廷が勅許拒否を伝えてきても幕府はこれを受理せず、これでは幕府と朝廷の見解が齟齬《そご》する事態となり、関白は幕府の役人としての立場から、朝廷への思いがあっても幕府の意向に添う判断をすることになるものと、天皇が読み取っていた。

そこで天皇は関白九条が作成した勅諚《ちょくじょう》案が決定される前に、再度、現任公卿へ諮問をおこなった。当然ながらこうした現任公卿への諮問は通常の措置ではなく、非常の事だからとしておこなわれたが、二十一人の公卿のうち十三人の公卿による勅諚案の書き換えを求める意見書が提出された。これを機に、岩倉具視《いわくらともみ》や中山忠能《なかやまただやす》ら計八十八人の堂上《とうしょう》が条約案の撤回を求めて関白九条邸へ列参して威圧をし（廷臣八十八卿列参事件）、翌日には勅諚案が「東照宮以来の良法を変革の儀は、外国人心の帰向《きこう》にも相かかわり、永世安全量《はか》りがたく（中略）今度条約の趣《おもむき》にては御国威、立ちがたく思し召され」（『孝明天皇紀』二）と記されて、条約調印を認めない天皇の意向に添うように改められた。

この結果、参内した堀田に対して条約勅許の不可が下され、以後、天皇は条約勅許を頑強に拒否することとなった。一方、堀田は勅許を得られずに空しく江戸に戻ることとなり、その責任を取る形で老中辞職に追い込まれた。このことは、堀田の政治責任の問題にとどまらず、条約調印に反対する攘夷派の人々に大きな刺激を与え、さらに天皇自身も強硬な攘夷論者であることが支持を取り付ける根拠ともなり、朝廷の政治的な権威の上昇につながった。公儀の分裂の端緒である。

戊午の密勅

結局、安政五年（一八五八）六月に江戸幕府は日米修好通商条約に調印したが、これは朝廷の意志とは異なり、孝明天皇の許しを得ず日米修好通商条約に調印したこと、すなわち無勅許調印が政治問題となった。

この調印に対して、福井藩主松平慶永は彦根藩邸を訪ねて直弼に談判し、その後、水戸藩の徳川斉昭・慶篤《よしあつ》父子や尾張《おわり》藩主徳川慶勝《よしかつ》とともに江戸城へ押しかけ（不時登城）、違勅調印や将軍継嗣問題の責任を追及したが、許可を得ずに登城をしたことで隠居・謹慎（急度慎）となり、一橋慶喜に当分登城停止の処罰が下された。一橋派に対する弾圧であり、安政の大獄の始まりである。

一方、孝明天皇は条約を無断で調印したことや尾張・水戸への処罰を質《ただ》し、大老または御三家当主の内の一人の上洛要請を拒んだことを批判すること、自らの譲位の考えを記した「勅意の御書付」を武家伝奏・議奏に示した。その後、孝明天皇は譲位の意志を取り下げたうえで、同年八月、関白九条尚忠を除いた朝議において、水戸藩に幕政改革を指示する勅諚と別紙（御三家や御三卿のほか越前《えちぜん》・加賀《かが》・薩摩《さつま》など列藩に勅諚の内容を廻達することを命じたもの）を直接、水戸藩（藩主徳川慶篤）へ、次いで幕府へ下賜することを決定し、実行した。

この勅諚は戊午《ぼご》の密勅《みっちょく》と呼ばれているが、「戊午」は下賜された年の干支に由来しており、「密勅」と称されるのは、関白による正式な手続を経ないままの下賜であったことによる（関白九条には武家伝奏から天皇の堅い意志である旨を伝えて承認を受けた）。

この措置は、これまで朝廷が幕府以外に勅諚を出すことのなかったことから逸脱する措置であった。水戸藩主宛ての勅諚は、武家伝奏万里小路正房《までのこうじなおふさ》から水戸藩京都留守居役《るすいやく》鵜飼《うがい》知信《とものぶ》を経、助役の幸吉《こうきち》が東海道を下って（薩摩藩士日下部伊三治《くさかべいそうじ》は写しをもって中山道より下向）、駒込邸の水戸藩主徳川慶篤に伝えられた。

安政の大獄と「江戸下しの者」

京都に滞在していた彦根藩士長野義言は、こうした朝廷の動向に気づかなかったが、水戸藩への密勅が降下したことで、密勅に関与した者への徹底的な弾圧を大老井伊直弼に進言し、それが実行されていった。

九月に入って老中間部詮勝《まなべあきかつ》が上京する一方、京都所司代《しょしだい》酒井忠義《さかいただあき》（小浜《おばま》藩主）が京に着任すると、梅田雲浜《うめだうんぴん》の逮捕に始まり、水戸藩の鵜飼知信・幸吉父子が捕縛され、戊午の密勅に関わった者の弾圧が進んでいった。鵜飼父子が江戸に送った密書から、近衛忠熙や三条実万などに出入りをしていた鷹司家諸大夫の小林良典《こばやしよしすけ》が京都町奉行に捕縛された（同家司《けいし》兼田義和《かねだよしかず》も逮捕・江戸送致されるが、翌年無罪放免）。

そして安政五年（一八五八）十二月、逮捕者（「江戸下しの者」）の江戸への護送が始まり、三国大学《みくにだいがく》の『笑艸《わらいぐさ》』には、「（同年十二月五日）網乗物《あみのりもの》五挺《ちょう》、鵜飼父子・小林良典・兼田伊織《いおり》・三国大学、鶤鶏籠《とうまるかご》六個（儒者池内大学《いけうちだいがく》ら六名分の籠）都合十一人一時に江戸へ下り、与力《よりき》・同心《どうしん》等、警固《けいご》数十人列ならせ、誠に珍しき事故《ゆえ》、街上《がいじょう》の見物人群れを為す、（中略）江戸までの道中、領主々々皆同じ、是《こ》れは途中にて、罪人を奪《うば》ひ去る者あらんかとの

図17　津崎村岡局像（亀山公園〈京都市右京区〉，フォトライブラリー提供）

用心なりとぞ」などと記され、網乗物五挺と鶤鶏籠六個に十一人を入れ、罪人として奪還されぬように用心して護送した様子が伝わってくる。

　そして翌六年正月初旬にかけて、尊攘志士のほか、逮捕者は青蓮院・有栖川《ありすがわ》両宮家や近衛・一条《いちじょう》・鷹司・三条《さんじょう》・久我《こが》などの公家家臣の多くに及んだ。幕府は京都で逮捕した者を五年十二月から翌六年三月にかけて三度にわたって江戸に護送し、同年十月までに処罰をおこなった。

　鵜飼幸吉が獄門、鵜飼知信のほか橋本左内・頼三《らいみ》樹三郎《きさぶろう》・吉田松陰《よしだしょういん》らが死罪となった。公家家臣に対しては、小林良典（鷹司家諸大夫）・六物空満《ろくぶつくうまん》（大覚寺門跡家士）は遠島となり（いずれも獄中死）、伊丹重賢《いたみしげかた》（青蓮院宮家士）・丹羽正庸《にわまさつね》（三条家諸大夫）・森寺常邦《もりでらつねくに》（同）・三国大学（鷹司家侍講）・入江則賢《いりえのりかた》（一条家諸大夫）は中追《ちゅうつい》放《ほう》、森寺常安《つねやす》（三条家諸大夫）・春日潜庵《かすがせんあん》（久我家諸大夫）らは永押込《ながおしこめ》、津崎矩子《つざきのりこ》（近衛家老女《ろうじょ》）・山田勘解由《かげゆ》（青蓮院宮家来）・飯田忠彦《ただひこ》（有栖川宮家来）・富田織部《とみたおりべ》（三条家家来）らは押込に処せられた。

中でも、津崎矩子は近衛家老女（江戸連行時は七十四歳）として村岡《むらおか》を名乗り、近衛忠煕の信頼を得て、水戸藩家老安島帯刀《あじまたてわき》や薩摩藩士西郷隆盛《さいごうたかもり》、清水寺成就院《じょうじゅいん》の忍向《にんこう》（月照《げっしょう》）、梅田雲浜らとの連絡を担う役割を果たした。京都町奉行所に留置された村岡に対しおこなわれた審問の内容は、その「吟味《ぎんみ》申口書」が『井伊家史料』十七の中に残されており、忍向や鵜飼父子との関係を追及され、村岡が一部を認めたことがわかる。

このほか、審問が近衛忠煕と交流のあった西郷隆盛や青蓮院宮、小林良典などとの関わりについても及んでおり、青蓮院の「朝敵仏敵退治」の祈禱《きとう》の「朝敵」が問題とされるなど、この審問をもとに忠煕の不利な証拠に利用され、処分につながった（飛鳥井雅道「皇族の政治的登場」）。

江戸に護送された村岡は、松本藩家臣田辺覚左衛門《たなべかくざえもん》預けとなり、四寸角材で柵をした檻《おり》に入れられた。そして評定所出頭時には、腰縄のついたまま駕籠に載せられ、その腰縄を小頭が持つといった厳重なものであり、寺社奉行松平宗秀《むねひで》の査問がおこなわれ、八月二十七日に判決が下された。一ヵ月後には江戸町奉行所で押込が赦《ゆる》され、帰京して嵯峨の直指庵《じきしあん》に隠居したが、近衛家との接触は禁じられた（辻ミチ子「近衛家老女・村岡」）。

このように幕府が公家の家臣たちを捕捉することで圧迫を加え、前関白鷹司政通は隠居・落飾《らくしょく》・慎《つつしみ》、左大臣近衛忠熙は辞官・落飾・慎、右大臣鷹司輔熙は辞官・落飾・慎、前内大臣三条実万は隠居・落飾・慎、などと主要対象者への処分が四月後半に決定した。

これに前後し、二月には尊融法親王が慎（のち隠居・永蟄居、天台座主《ざす》解任）、内大臣一《いち》条《じょう》忠香《ただか》が慎十日、二条斉敬《なりゆき》が慎十日、議奏久我建通《たけみち》が慎五日、武家伝奏広橋光成《ひろはしみつしげ》が慎五日、万里小路正房が慎三十日、議奏加勢正親町三条実愛《おおぎまちさんじょうさねなる》が慎十日、大原重徳《おおはらしげとみ》が慎（近衛忠房《ただふさ》・議奏徳大寺公純《とくだいじきんいと》・同中山忠能・同裏松恭光《うらまつゆきみつ》・同坊城俊克《ぼうじょうとしかつ》は咎めなし）という処分となり、このほか東坊城聡長《ひがしぼうじょうときなが》が永蟄居に処せられた。

井伊直弼は尊王攘夷派をはじめ天皇の意向を具現化しようとした公家を弾圧し、幕府権威の回復に努めようとしたが、多くの有為の人材の排斥をおこなって幕府を弱化させただけでなく、万延元年（一八六〇）三月三日、桜田門外の変で倒れ、幕府権威の失墜につながる結果となった。

江戸に嫁ぐ、大奥に入る

大奥に仕える

江戸前期、大奥に仕える

近年は、江戸時代の多様な女性に着目した研究が盛んになり、多くの著作や論文の成果を共有できるようになった。江戸前期では、五代将軍綱《つな》吉《よし》の時期に公家女性が大奥に上がった事例が明らかになっているので（石田俊『近世公武の奥向構造』）、まずは公家の子女が江戸に下り、奥女中として奉仕した実態について言及してみたい。

延宝七年（一六七九）、竹屋光長《たけやみつなが》娘すま、山科言行《やましなときゆき》娘、池尻共孝《いけがみともたか》孫娘（清閑寺熙房《せいかんじひろふさ》娘）の三人が江戸に下向した。すまは東福門院《とうふくもんいん》（徳川和子《とくがわまさこ》）に仕えていた経験があり、ほかの二人はわずか十五歳の身であり、こうした若い女性の場合、将来、将軍の手つきとなる可能性をもっていた。

すまに替わって綱吉付筆頭年寄《としより》となったのが右衛門佐《えもんのすけ》（水無瀬《みなせ》氏信《うじのぶ》娘）で、もともと鷹《たか》司房子《つかさふさこ》（霊元《れいげん》天皇中宮《ちゅうぐう》、新上西門院《しんじょうさいもんいん》）の女中で常盤井《ときわい》と称したが、のち後水尾《ごみずのお》法皇の女中となり、法皇没後の貞享元年（一六八四）に鷹司房子・信子《のぶこ》（綱吉正室）姉妹が関わって、将軍綱吉と伝《でん》の間に生まれた鶴姫の上臈《じょうろう》となり、大奥に上った。

その後、鶴姫が紀州藩主徳川綱教《つなのり》に輿入れすると、紀州徳川家に入り、さらに江戸城へ戻ると、綱吉付筆頭上臈年寄として大奥の総取締を担った。また、右衛門佐は、武家伝奏《ぶけてんそう》から京都所司代《しょしだい》へという朝廷と幕府の基本的な交渉ルートではなく、天皇の意向を将軍綱吉へと伝える内証のルートを築いていたことも知られている。

右衛門佐の仲介により江戸に下向したのが西洞院時成《にしのとういんときなり》娘の豊原《とよはら》である。豊原はもともと朝仁《あさひと》親王（のちの東山天皇）付となり、その後長橋局《ながはしのつぼね》となった。しかし、元禄三年（一六九〇）に禁裏で剃髪《ていはつ》したことで蟄居《ちっきょ》処分となり、同十二年に赦免となって同十六年に東山天皇・霊元《れいげん》上皇の意向を確認して下向となった。こうした経歴をもちつつも選任されたのには、三十歳前後にもなり、それまでの実務経験や儀式・儀礼に精通していたものと思われ、右衛門佐はこの女を部屋子としたが、のちの自分の後継者とする意図があったことが推測される。

五代将軍綱吉にとって世継誕生に恵まれない中、桂昌院《けいしょういん》が公家女性の下向を求め、綱吉付とされた。一人は竹屋光久《みつひさ》姪いちという女性で、下向の時期は定かではない。いちは長橋局であったところ、下向して大奥に上がり、大助または北の丸殿と称し、その後大《おお》典侍《すけ》と呼ばれた。

もう一人は豊岡有尚《とよおかありひさ》の娘（日野弘資《ひのひろすけ》養女）で、神田橋御殿上臈として下向した。とよ（御豊）と名乗り、新典侍《しんすけ》と改名した。前者の大典侍は綱吉の側室となり、寿光院と号し、後者の新典侍は清心院と号した。

野宮定基《ののみやさだもと》の日記（「定基卿記」宝永五年〈一七〇八〉正月九日条）には、「柳沢吉保《やなぎさわよしやす》が書を贈って伝えてきたことには、長女養母（野宮定基娘兼子、柳沢吉保養女）が侍女を求めているものの、江戸の地からは計り知ることはできず、京には美女が多いので、容色に優れた者を選んで、江戸に贈ってほしいとの要望があったので、この要望に叶う女性を知らせるように伝えた」という記述があり、長女養母は大典侍養女となっていて、柳沢吉保のルートを通じて、野宮定基に対して、侍女にふさわしい容色を備えた女性を江戸に遣わすように願ったことがわかる。

江戸後期、大奥に仕える

江戸前期における大奥では、上臈年寄という職制はまだなく、上臈と年寄は分離していた。江戸後期の大奥の老女には上臈年寄・小上臈・年寄の別があり、上臈年寄と小上臈は京の公家出身であった。

江戸後期に関しては、深井雅海氏の研究を参照すると、安永七年（一七七八）頃の十代将軍家治《いえはる》付の上臈年寄には、花園《はなぞの》と飛鳥井《あすかい》という名前があり（『女中分限帳』）、この通り名を踏まえると、両者ともに公家の関係者と推測されており、切米五十石、合力金六十両、十人扶持などが支給されていた。

花園・飛鳥井の上位には、旗本《はたもと》出身の高岳が位置し、大奥女中の最高権力者であり、政治的影響力をもっていた。月番制をとり、月番となると毎朝午前十時頃に大奥の千鳥《ちどり》の間（御対面所三の間の北に位置する執務室）に出勤し、午後四時に退出した。他の年寄の勤務は、宵番・朝番・当番の三交代制であった。こうした御殿向の執務が終わると、長局《ながつぼね》向に戻り、十四、五人の使用人を養いながらともに生活をしていた。

将軍付の上臈大年寄は、大奥以外に江戸市中に町屋敷を下賜《かし》されていたり、幕府御用屋敷内に休息所を借地として与えられていた。例えば、文政七年（一八二四）、十一代将軍家斉《いえなり》付の年寄の万里小路《までのこうじ》と花園の場合、それぞれ桜田御用屋敷に八百七十五坪、六百坪の休息所が設けられ、のちには虎ノ門内御用屋敷に拝借地が貸与されている。

ちなみに万里小路は、公家の池尻暉房《いけがみてるふさ》の娘として生まれ、天保三年（一八三二）、徳川家祥《いえさち》（のちの十三代将軍家定《いえさだ》）の正室となった当時八歳の鷹司任子《あつこ》の世話役として下向した。天保七年、将軍家斉付小上臈として大奥に入り、その後十二代将軍家慶《いえよし》付上臈年寄に昇格して、万里小路の通り名を名乗った。

上臈年寄で著名なのは姉小路《あねがこうじ》である。姉小路は、橋本実誠《はしもとさねなり》の娘（養女とも）で、文政九年、十一代将軍家斉の娘和姫《かずひめ》の輿入れ（長州藩毛利斉広《もうりなりとう》との縁組）のため、十七歳で江戸に下向した。文政十一年、小上臈しんとして和姫付女中となり、さらに上臈年寄に昇格し庭田と改めた。

しかし和姫が間もなく急逝したことから、将軍家斉付小上臈となり、天保七年九月、西の丸に移り将軍継嗣家慶付の上臈年寄となり、姉小路の名を下賜された。その後家慶が将軍に就任すると、将軍付上臈年寄となって本丸大奥に入り、権勢を一身に集めた。

明治期に東京帝国大学史談会によって江戸時代の実情を幕府役人に質疑した記録には、奥女中を務めた佐々鎮子《ささしずこ》の証言として、「姉小路という御人は（将軍に）直に何か申し上げたことがあったり、そういうこと（政事・表方の役替）に口を出したそうでございます。なかなか強い人でございました。（中略）御大名から菓子折が来たということです。その菓子折の中に、金が充塡《いっぱい》に這入《はい》っていたということがございます」（『旧事諮問録』上）などと記されている。

また水戸藩士高橋多一郎《たかはしたいちろう》の編著になる『遠近橋《おちこちばし》』には、「大奥姉之小路、御用掛り老女、阿部《あべ》（正弘《まさひろ》）へ殊《こと》のほか同腹にて、大将軍様（家慶）より出で候事、一より十迄姉（姉小路）へ御廻し遊ばされ、阿（阿部）へご相談これ有り、何事もこの両人にて内密謀《はか》り候由申す事に御座候《ござそうろう》」という記述もみられ、姉小路が当時の老中首座阿部正弘と並んで幕府の実力者としてみられていたことがわかる。

高橋多一郎は、天保十五年（一八四四）に藩政改革と党争で藩内が混乱したことで水戸藩主徳川斉昭《なりあき》が隠居謹慎を命じられており、このことに対して、斉昭の藩政復帰を幕府に認めてもらおうと運動をおこなった中心人物であった。『遠近橋』には、御側御用取次《おそばごようとりつぎ》の本郷泰固《ほんごうやすかた》が将軍の徳川斉昭への疑念が解けるように口添えしてほしいと姉小路に依頼していたことなどが記されている。ここには、奥向きを預かった本郷泰固をもってしても、姉小路の将軍への影響力に期待したことが窺え、大奥年寄の姉小路が大奥のみならず表向きの政治上の権勢をもつ者とみなされ、その存在の大きさを確認することができる（深井雅海「大奥老女・姉小路の政治力」）。

江戸に嫁ぐ

家光に嫁ぐ

江戸時代、権力の頂点にあった徳川将軍の妻になった女性に着目すると、その多くが京の公家出身であることに気づかされる。そこで、三代将軍家《いえ》光《みつ》以降の将軍に嫁いだ公家女性をまとめてみると、表6のように表すことができる。ここでは、正室となった公家女性には○を付しておいたが、一覧すればわかるように、三代将軍以降の正室のほとんどが公家の子女、特に宮家（世襲親王家）か摂家《せっけ》から正室を娶っていることがわかる。

元和九年（一六二三）、二代将軍秀忠《ひでただ》から家光への将軍交替時に、家光の御台所《みだいどころ》として鷹司信房《たかつかさのぶふさ》の娘孝子《たかこ》（本理院《ほんりいん》）が江戸に下向して江戸城大奥に入った。秀忠室の江《ごう》は、当初、孝子を自分の猶子《ゆうし》にする名目で下向させたが（『義演准后日記《ぎえんじゅごうにっき》』元和九年八月十四日条）、

表6　将軍に嫁いだ公家女性一覧

代	将軍	公家女性の名（別称）	父氏名 〈補足〉	院　号
3	家光	孝子○	鷹司信輔	本理院
		万	六条有純	永光院
4	家綱	顕子（浅宮）○	伏見宮貞清親王	高厳院
5	綱吉	信子○	鷹司教平	浄光院
		大典侍	清閑寺熙房	寿光院
		新典侍	豊岡有尚	清心院
6	家宣	熙子○	近衛基熙	天英院
		須免	園池季豊	蓮浄院
7	家継	吉子内親王○	霊元天皇〈家継死去で降嫁には至らず〉	浄琳院
8	吉宗	理子（真宮）○	伏見宮貞致親王	寛徳院
9	家重	培子（比宮）○	伏見宮邦永親王	証明院
		幸	梅渓通条	至心院
10	家治	倫子（五十宮）○	閑院宮直仁親王	心観院
11	家斉	寔子○	島津重豪（近衛経熙養女）	広大院
12	家慶	喬子（楽宮）○	有栖川宮織仁親王	浄観院
13	家定	任子○（～嘉永元年没）	鷹司政熙	天親院
		秀子○（～嘉永3年没）	一条忠良	澄心院
		篤子○	島津忠剛（近衛忠熙養女）	天璋院
14	家茂	親子内親王（和宮）○	仁孝天皇	静寛院
15	慶喜	美賀子○	今出川公久（一条忠香養女）	貞粛院

（注）『論集　大奥人物研究』をもとに作成．○は正室．

寛永三年（一六二六）九月に亡くなり、孝子は御台所としての地位を固めた。

しかし、寛永五年五月には瘧《おこり》（高熱の病い）を煩《わずら》い、多賀大社の別当慈性《じしょう》（日野資勝《ひのすけかつ》息）に祈禱《きとう》を依頼した。春日局《かすがのつぼね》の筆によるものといわれる「東照大権現祝詞《とうしょうだいごんげんのりと》」には「なかのまるどの（孝子）こころただしからずして、きにさほいあり、（中略）大ごんげん御神ばつとなり」と記されており、春日局は孝子を快く思っていなかったことが窺え、将軍付筆頭女中の春日局との緊張関係は、孝子の精神的な苦痛を強めたものと思われる。

家光の場合、徳川将軍として京から初めて御台所を迎えたわけだが、このことは、大奥において武家の風儀と公家の風儀の軋轢《あつれき》があった時代を象徴しているものともいえる。

この後、孝子は大奥を出て中の丸に設けられた御殿で暮らすことになる。孝子の家光との別居について、久保貴子氏の研究によれば、孝子の大奥を束ねる御台所としての役割が縮小していき、寛永末年には居所を中の丸から北の丸に移していったとしている。また、初代家康《いえやす》から十代家治《いえはる》に至るまでの歴代将軍の正室・側室についての略伝を記した『以貴《いき》小伝《しょうでん》』によれば、「記録にも御台所としるせし事見へず。中丸御方とのみしるし、また或説に御所のうちには住《すま》せ給《たま》はず、広芝（本丸と西の丸の間）といふ所にすませ給へり」などと記されているのは、京より江戸に下って御台所となったにもかかわらず、「御台所とはしるせし事見へず」などと認識され、別居を強いられて不遇な生涯を遂げた孝子の立場をよく表している。

ちなみに慶安三年（一六五〇）九月に孝子の弟信平《のぶひら》が江戸に呼ばれ、十一月に千俵の蔵米と二百人扶持《ふち》を与えられ、幕臣として孝子屋敷近くの代官町に居住した。この信平はのちに紀伊藩主頼宣《よりのぶ》の娘松姫との縁談が決まり、承応三年（一六五四）従四位下・左近衛《さこんえの》少将《しょうしょう》に任じられ、松平《まつだいら》姓を称することになって、合力米五千俵が下賜された。

図18　鷹司孝子の墓（伝通院〈東京都文京区〉）

慶安四年四月に家光が没すると、孝子は本理院と号したが、御殿の場所に変わりはなく明暦三年（一六五七）の明暦の大火によって屋敷は焼失するが再建され、延宝二年（一六七四）に死去した（図18参照）。享年七十三であった。孝子の死去により、信平はそれまでの蔵米に代え、上野《こうずけ》国・上総《かずさ》国に合わせて七千石の知行地が与えられた（『寛政重修諸家譜』二十二）。

家光には公家出身の側室もいた。六条有純《ろくじょうありずみ》娘万であり、家光の寵愛を受けるものの、子ができなかった。万の人物像を窺い知る史料は乏しいが、「樋口家譜」に「号梅　大猷院殿上臈《たいゆういんでんじょうろう》」と記され、万の履歴に樋口梅の履歴が混入して誤って伝えられた可能性が高いが、万は梅とも呼ばれていた。

また、家光の次男長松（綱重《つなしげ》）を生んだ夏、四男徳松（綱吉《つなよし》）を生んだ玉、五男鶴松を生んだ里佐《りさ》は、いずれも京より大奥に上った者たちであった。夏については「御台様御附奥勤、京都より下向」（『徳川幕府家譜』）、「寛永八年鷹司家に仕える、中丸君御供として下向す、同十四年丁丑、御本丸大奥に勤」（『幕府祚胤伝《そいんでん》』）などと記され、玉については、「寛永年中、中丸殿御供として下向、後御本丸奥勤」（『幕府祚胤伝』）、「六条宰相有純の女梅香の縁をもって奥勤」（『徳川幕府家譜』）、「六条有純卿の息女於梅《おうめ》の方の縁をもって京都より江戸へ来り、大猷院の御代に春日局所持を指南し、御側へ召し出される」（『柳営婦女伝系《りゅうえいふじょでんけい》』）などと記されている。そして里佐についても、「元和九年御台所御下向、御供として下着、奥勤」（『幕府祚胤伝』）と記されており、いずれも鷹司孝子に付き従って江戸に下向し（玉については万との縁によるとの捉え方もあるが）、大奥に勤めたことがわかる（久保貴子「江戸に生きた公家女性」）。

家綱・綱吉に嫁ぐ

三代将軍家光の御台所の場合は摂家の子女であったが、四代将軍家《いえ》綱《つな》の場合は宮家の子女、伏見宮貞清《ふしみのみやさだきよ》親王の娘浅宮《あさのみや》（顕子《あきこ》）であった。この縁談を推進したのは、家綱の伯母の天樹院《てんじゅいん》（千）と、宮中に上った東福門院《とうふくもんいん》であった。浅宮は、明暦三年（一六五七）四月に京都を発ち、江戸城本丸・大奥に入り、七月に江戸城西の丸にて婚儀が執りおこなわれた。これは、この年の正月に起きた明暦の大火により本丸が焼失していたためである。これにより、この婚姻は表向きには「御隠密」（『江戸幕府日記　明暦年録』）とされ、祝儀献上も限られていた。

万治二年（一六五九）九月には本丸大奥に入り御台所を称して、しばし御台所の座が不在となっていたが、ここに復活した。延宝元年（一六七三）には従三位に叙されたが（『幕府祚胤伝』）、同四年に急逝した。儒者の林春斎《はやししゅんさい》は、「嫉妬《しっと》の心無く、政務の妨げ無く、人皆これを惜しみ奉る」と記している（『国史館日録』）。顕子の遺体は上野寛永寺護国院に移され、火葬された。

五代将軍綱吉に嫁いだのは、鷹司教平《のりひら》の娘信子《のぶこ》（浄光院）で、孝子の姪孫にあたる。寛文三年（一六六三）に縁組が発表され、翌四年に江戸へ下向した。神田屋敷にて婚儀をおこない、延宝八年に綱吉が将軍に就任すると、江戸城大奥に入った。婚姻後の信子は子に恵まれなかったが、綱吉との仲は良好であったと思われ、ともに祭礼見物や能を見たりしている。元禄四年（一六九一）、信子は兄鷹司房輔《ふさすけ》の孫八重姫《やえひめ》を大奥に引き取り、同十年に養女とすることにしたが、公家の娘を養女に迎えたのはこれが初めてである。八重姫は、のちに水戸藩主徳川吉孚《とくがわよしざね》の妻となった。

家宣に嫁ぐ

六代将軍家宣《いえのぶ》に嫁いだのは、近衛基熙《このえもとひろ》の娘熙子《ひろこ》（天英院《てんえいいん》）である（母は皇女品宮《しなのみや》）。熙子の嫁いだ延宝七年（一六七九）六月の段階では、家宣は未だ徳川宗家を嗣ぐ予定になかったところで、綱豊《つなとよ》と称して甲府二十五万石を領する一大名にすぎなかった。

山本博文氏の研究を参照すると、この婚姻について、近衛基熙の日記を引いて基熙側の受け止めを明らかにしている。その「基熙公記」には「領状なくんば然《しか》るべからざるの由、両伝奏《てんそうしき》頻りに申す間、即ち領状せしめ、悦び存ずる旨、宜しく申し入るべき由、返答せしめおはんぬ。抑《そもそも》当家姫君武家に嫁《か》すの事、先祖よりの遺誡《ゆいかい》の旨これ有り」と記され、さらには「武家を以て急々言出の上は、領状せざるにおいては時宜《じぎ》以《もっ》ての外《ほか》たるべく（中略）時宜に任せ、大慶の由返答せしめおはんぬ。凡そ武威猛烈、力に及ばず、無念々々」と記されている。

前段で、武家伝奏花山院定誠《かざんいんさだのぶ》・千種有能《ちぐさありよし》から、綱豊と娘の婚姻は、将軍の意向であるから了承するように告げられ、悦び承る旨を渋々返答したことがわかるが、興味深いのは末尾にあるように、近衛家には武家との縁組を禁じる遺誡があったことから素直に即答できない事情があったという。そして後段では、この時の基熙としては、幕府権力に屈せざるを得ない現実があり、無念であったことが窺える。基熙は婚姻に当たっては一計を案じ、平松時量《ひらまつときかず》を招いて熙子を時量の子とするように申し入れ、先祖の遺誡が秘事であるから、他者には告げずに執りおこなうこととした。

もっとも、この婚儀にあたっては、甲府家から家臣数百人が派遣され、熙子に供奉《ぐぶ》しており、丁重な扱いに基熙も満悦であった。宝永元年（一七〇四）、綱豊が将軍継嗣となると、江戸城西の丸に移り、同六年に六代将軍家宣となったことで本丸に移った。これにより、基熙は将軍の岳父《がくふ》となり、近衛家の繁栄につながった。正徳二年（一七一二）に家宣が亡くなると落飾《らくしょく》し、天英院と称してそのまま本丸大奥に居住し、同三年に従一位に叙せられると、一位様と称された。

福井藩主松平春嶽《しゅんがく》の筆録した「雨窓閑話稿《うそうかんわこう》」にある「六代将軍家宣公は、頗る賢明ではあったが、将軍宣下以来、とかく京都風を好み、武家風を好んではいなかった」という記述に着目すると、摂家や宮家の姫君を江戸に迎えることで、大奥の制度が少しずつ公家風の影響を受け、そうした制度を尊重するようになったと捉えられている（山本博文『徳川将軍家の結婚』）。

大奥の政治力

一方、大奥がいかに表の政治に影響を及ぼしたかという点は大きな課題となるところであるが、家宣死後の天英院の政治的力量については、次のような事例がある。

正徳二年十月に近衛家諸大夫の佐竹義方《さたけよしかた》が基熙に江戸の様子を知らせてきた書状には、天英院の「御威光」が将軍の後見（鍋松＝家継《いえつぐ》の後見）ということで強くなってきていること、老中が毎日大奥御広敷に行って御機嫌伺いをしていること、天英院付の用人衆も威光が増していることなどが記されている。天英院が八代吉宗《よしむね》の将軍就任に関わったことは有名であるが、吉宗が天英院を重く扱ったことで、天英院の権威がその後も続いた。享保期（一七一六～三六）に弘前《ひろさき》藩津軽《つがる》家の領地増高願いに関わって天英院の内意があり、吉宗によって断られているが、諸大名からはそうした願望を叶える期待を担う存在として、天英院が表の問題にも影響力を及ぼしかねなかったわけである（松尾美惠子「将軍御台所近衛熙子（天英院）の立場と行動」）。

幕府において天英院がもった権勢については、享保八年（一七二三）に武家伝奏中院《なかのいん》通躬《みちみ》が京都所司代《しよしだい》松平忠周《ただちか》を訪ねた時のことを筆録した日記（「享保日次記」）からも窺える。

そこでは、当時の二条綱平《にじようつなひら》が数年内に関白を辞し、次に近衛家久《いえひさ》が関白に就任することが予想されること、昭仁《てるひと》親王（のちの桜町《さくらまち》天皇）が皇太子となり、中御門《なかみかど》天皇の譲位が企てられ、再び近衛家が朝廷内で権威を振るうことが懸念されるなどの霊元《れいげん》法皇の意向が忠周に伝えられた。これに対して、忠周は次のように語っている。

伊州（松平忠周）申されて云《いわ》く、委細承り候、御尤《もっとも》の御事には存じ候へども、先ず急速の儀にてもこれ無く候間、思慮仕《つかまつ》るにおいて、追って申し上ぐべく候由申されて云く、近衛殿当職（関白）の事、一両年之内にも辞退之儀、関東より申し来たり候様にも思し召され候由、御尤の御儀には存じ候へとも、文照院《ぶんしょういん》殿（家宣）の御台天英院殿は、近衛殿御一所に候、天英院殿へ関東の御親しみのいみ存知せられず候、ただ表向一通りの御挨拶の事に候哉、左様の儀においても、とくと了簡を加えられ、追って申さるべきの由これを申されて了、

所司代松平忠周としては、一、二年後には現任の二条綱平が関白を辞退し、近衛家久の関白就任が江戸で承認されることになるが、家宣公の御台天英院は近衛家と一所だと考えられるので、幕府が天英院に重きをおいている意味をよく考え、表向きの挨拶であっても、慎重に判断をして連絡をとった方がよいことを伝えている。このことは、朝廷において近衛基熙・家熙《いえひろ》に続いて今度は家久が権勢をもち、一方では天英院が大奥さらには幕府においてもつ発言力について、所司代は相応の気を配っていたことが窺える。まさに天英院の存在が幕府において大きいものであり、かつ朝廷では天英院に連なる近衛家が権勢をもつことになることが予想されたのである（拙著『近世の公家社会と幕府』）。

大名に嫁ぐ

公家の中には御三家に嫁いだ女性もおり、尾張《おわり》藩徳川光友《みつとも》の室として樋口《ひぐち》信孝《のぶたか》の娘（勘解由小路《かでのこうじ》）が入り、松平義昌《よしまさ》を儲けるほか、水戸藩の徳川光《みつ》圀《くに》の正室に近衛信尋《のぶひろ》の娘尋子《ひろこ》が入るなど、御三家においても公家の娘が迎えられていた。なかでも異彩を放ったのが、柳沢吉保《やなぎさわよしやす》の側室となった正親町町子《おおぎまちまちこ》である。

正親町実豊《さねとよ》の娘であった町子は、右衛門佐《えもんのすけ》（水無瀬氏信《みなせうじのぶ》の娘）の勧めによって江戸に下り、桃井之政《もものいゆきまさ》の養女として、元禄期（一六八八〜一七〇四）の前半に柳沢吉保のもとに入った。周知のように、柳沢吉保は綱吉の将軍就任により異例の昇進となり、元禄元年（一六八八）に側用人《そばようにん》となり、同七年には川越藩主、侍従にも任官して七万石を超える大名となっていた。

吉保は好学の大名として有名であり、儒学や漢学のほか、歌道の修練にも精力的に取り組んだ。北村季吟《きたむらきぎん》に和歌を学んで、元禄十三年と十五年の二度にわたり、地下《じげ》流の古今伝《こきんでん》授《じゅ》を受けた。その後、後西《ごさい》上皇から御所伝授を受け継いだ霊元上皇へ和歌を進覧し、その勅点（添削）を受けようと考え、町子の実家が公家の正親町家であったことからその伝《つて》を得ようとした。そして町子の兄公通《きんみち》に相談した末、吉保の詠んだ名所百首歌が元禄十六年に霊元上皇へ進上されることとなり、勅点の加えられた和歌が、上皇の意を報じた公通の奉書とともに吉保の許に届いた。その後も、吉保と霊元上皇との間で交流が継続し、さらに千首和歌を進上した（松澤克行「武家文化と公家サロン」）。

ちなみに町子の父実豊は、当時、将軍家綱の信任を得る一方、霊元天皇の即位に貢献し、出頭人となった三条西《さんじょうにし》実教《さねのり》を後ろ盾に朝廷内の実権をもち、寛文三（一六六三）～十年に武家伝奏に就任していた。その後、天皇の意に沿わない二人は幕府の支援のもとに排除され、三条西の出仕が止められ（三条西が古歌や故実の知識を背景に諫言を重ねたほか、天皇の怒りを買った）、同時期に実豊も武家伝奏を罷免《ひめん》された。

しかし、町子が江戸に下った後の元禄六年、兄公通は朝廷側が示した候補者のうち、幕府の意向で武家伝奏に任命されたが、この任命の背後には町子の存在があったのではないかと思われる（元禄十三年、公通は務め方が問題とされ、武家伝奏を罷免された）。

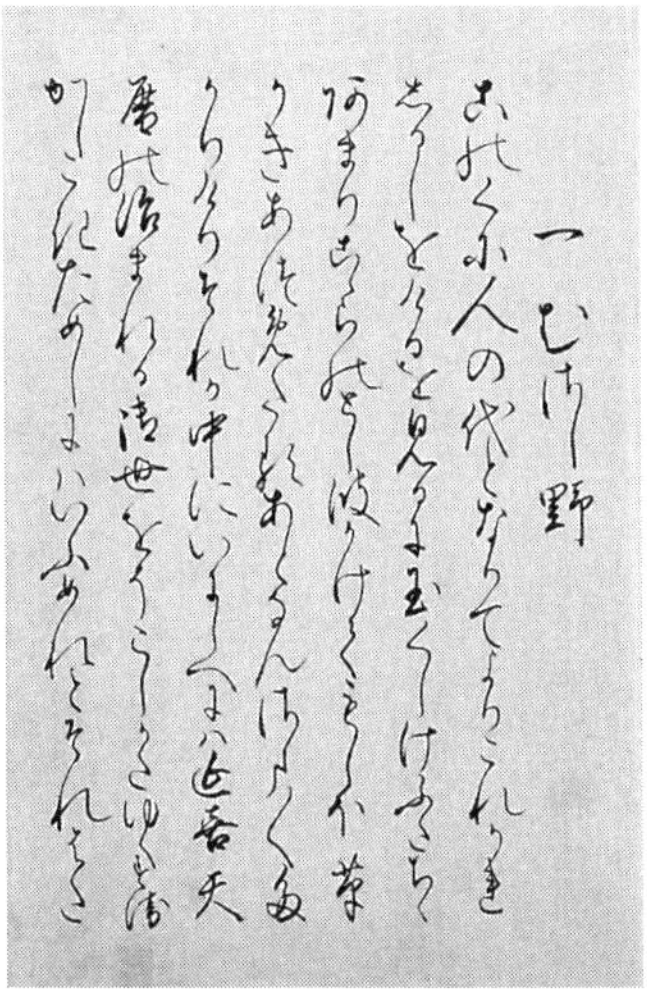

図19　『松陰日記』清書本（郡山城史跡・柳沢文庫保存会所蔵）

元禄七年に町子は男子を出産し、吉保にとっての四男経隆《つねたか》となった。当時、町子は「さるは木高《こだか》き花の咲出る陰にかくれて、若草の萌え出る春に会いぬる」（『松陰《まつかげ》日記』）という歌を詠んでいる。吉保は、すでに延宝四年（一六七六）に曽雌定盛《そしさだもり》の娘定子《さだこ》を正室に迎えており、その後側室として飯塚正次《いいづかまさつぐ》の娘染子《そめこ》を迎え、貞享四年（一六八七）に嫡男（のちの吉里《よしさと》）を生んでいた。町子の席次は彼女らに次ぐ位置にあり、「花の咲出る陰にかくれて」と歌う一方、「若草の萌え出る春」と詠んで、自分が側室であることの複雑な心情とともに、男子出産への喜びが読みとれる。

町子は、元禄九年に再び男子（五男時睦《ときちか》）を出産した。町子の生んだ二人の男子は、柳沢邸への将軍綱吉御成の際にお目見えを果たし、宝永四年（一七〇七）に叙爵となり、それぞれ刑部少輔《ぎょうぶのしょう》、式部少輔《しきぶのしょう》と名乗り独立した屋敷をもった。同五年、町子は、西の丸からの要請で、将軍継嗣家宣の上臈すめ（叔父櫛笥隆賀《くしげたかよし》の養女、園池公屋《そのいけきんおく》の娘）が懐妊した際に斎肌帯《ゆはだおび》を贈り、その後、すめが無事に男子（大五郎）を出産したこともあってか、家宣の側室左京（喜世、のちの月光院《げっこういん》）にも斎肌帯を贈ることとなり、左京は男子（鍋松、七代将軍家継）を出産した。

吉保の号にちなむ吉保の公用日記『楽只堂年録《らくしどうねんろく》』には、元禄十三年以降に柳沢邸で開かれた詩歌会が記録され始めるが、そこには北村季吟や息湖元《こげん》らも参加した。町子は、吉保の和歌を評するだけでなく、自らも千首和歌に取り組み、霊元上皇に進上している。和歌は吉保と町子の間を強く結びつけることとなった（久保貴子「正親町町子」）。

使命を帯びて下向する

山本博文氏によって、嘉永三年（一八五〇）、広大院《こうだいいん》（十一代家斉《いえなり》正室寔《ただ》子《こ》）が家定の側室の候補として適切な娘がいるかどうか、薩摩《さつま》藩へ問い合わせをし、のちに島津《しまづ》斉彬《なりあきら》が記した史料「御一条初発よりの大意」が紹介されている。ここでは、「家定《いえさだ》公は公家との御縁組を望んでおられず、むしろ広大院様の先例がたいへん目出度《めでた》いので、斉彬に娘がいれば迎えようという様子だと聞いています」（『鹿児島県史料　斉彬公史料』四）と記されており、広大院の先例のように、島津家から後妻を娶《めと》ろうとしたことを明らかにしている。

将軍継嗣の密命を受ける

薩摩八代藩主島津重豪《しげひで》の娘として生まれた寔子は、一橋治済《ひとつばしはるさだ》の長男豊千代（のちの家斉）と縁組し、天明元年（一七八一）に豊千代が養君となることが仰せ出され、一橋邸から江戸城西の丸に入った。そして寔子は家斉が将軍に就任する直前の天明七年に島津家と縁続きであった近衛《このえ》家の養女となり、近衛経熙《つねひろ》の娘として寛政元年（一七八九）家斉と婚姻し、御台所《みだいどころ》となった。

さて、嘉永四年に十一代藩主となった島津斉彬は一門の今和泉《いまいずみ》家島津忠剛《ただたけ》の娘一子を養育していた。斉彬としては、将軍家と疎遠になってきているうえ、琉球へフランス人らが滞留し、薩摩藩が禁止されている交易をしているとの噂が出ていて、将軍家との縁組が成就すれば、払拭して咎められることがないと考え、老中に問い合わせたうえで、一子を実子として届け出、一子は篤子《あつこ》と称されることになった。そして篤子は、今和泉邸から鹿児島城に入り、上洛したのち、近衛家の養女となり敬子《すみこ》（篤君）と名を改めた。

それから三年九ヵ月が経ち、安政三年（一八五六）末、篤君が将軍家定にようやく輿入れとなった。家定三十三歳、篤君二十一歳であった。この間、黒船が来航したのに加えて、将軍家慶《いえよし》の死去、安政の江戸大地震などが続き、延期が重なった。

NHKの大河ドラマ「篤姫」を視聴した方にとってはお馴染みかと思うが、いざ婚姻が実現となると、指導力が問われた将軍家定の将軍継嗣《けいし》問題が関わっており、一橋慶喜《よしのぶ》を次の将軍とする一橋派の期待が寄せられ、斉彬も、篤君が大奥に上がるにあたって事情を説明し、将軍家定の意向を伺うように命じている。

しかし家定の命によって彦根《ひこね》藩主井伊直弼《いいなおすけ》が大老に就任したことにより、紀州藩主徳川《とくがわ》慶福《よしとみ》（のちの将軍家茂《いえもち》）が将軍継嗣に定められると申し渡され、その後日米修好通商条約に調印し、将軍継嗣を慶福とすることが正式に発表となった。そして将軍家定が安政五年に急死したため、家定と篤君との結婚生活はわずか一年九ヵ月となり、篤君は髪をおろして「天璋院《てんしょういん》」と号した。天璋院は、しばらくは西の丸にいたが、再び本丸の大奥の取締りに当たった。

譲位と公武和融を求める

篤君の後に江戸城入りした公家女性としては、皇女和宮《かずのみや》がいる。武部敏夫氏の研究をもとに、和宮について以下、みていきたい。仁孝《にんこう》天皇の七皇子八皇女のうち、成人したのは統仁《おさひと》親王（孝明《こうめい》天皇）と敏宮《ときのみや》（淑子《すみこ》内親王）、和宮（親子《ちかこ》内親王）であった。甘露寺国長《かんろじくになが》の娘妍子《きよこ》を母にもつ敏宮は、閑院宮《かんいんのみや》愛仁《なるひと》親王と婚約したものの、愛仁親王の急逝で結婚には至らなかった。

一方、橋本実久《はしもとさねひさ》の娘経子《つねこ》を母にもつ和宮は、嘉永四年（一八五一）六歳で十一歳年上の有栖川宮熾仁《ありすがわのみやたかひと》親王の子熾仁《たるひと》親王と婚約し、安政六年（一八五九）四月には輿入れが内定した。

万延元年（一八六〇）二月、和宮は橋本家から桂宮邸に移ったが、すでにこの時期に、和宮の十四代将軍家茂への降嫁問題が浮上していた。特に、桜田門外の変で井伊直弼が殺

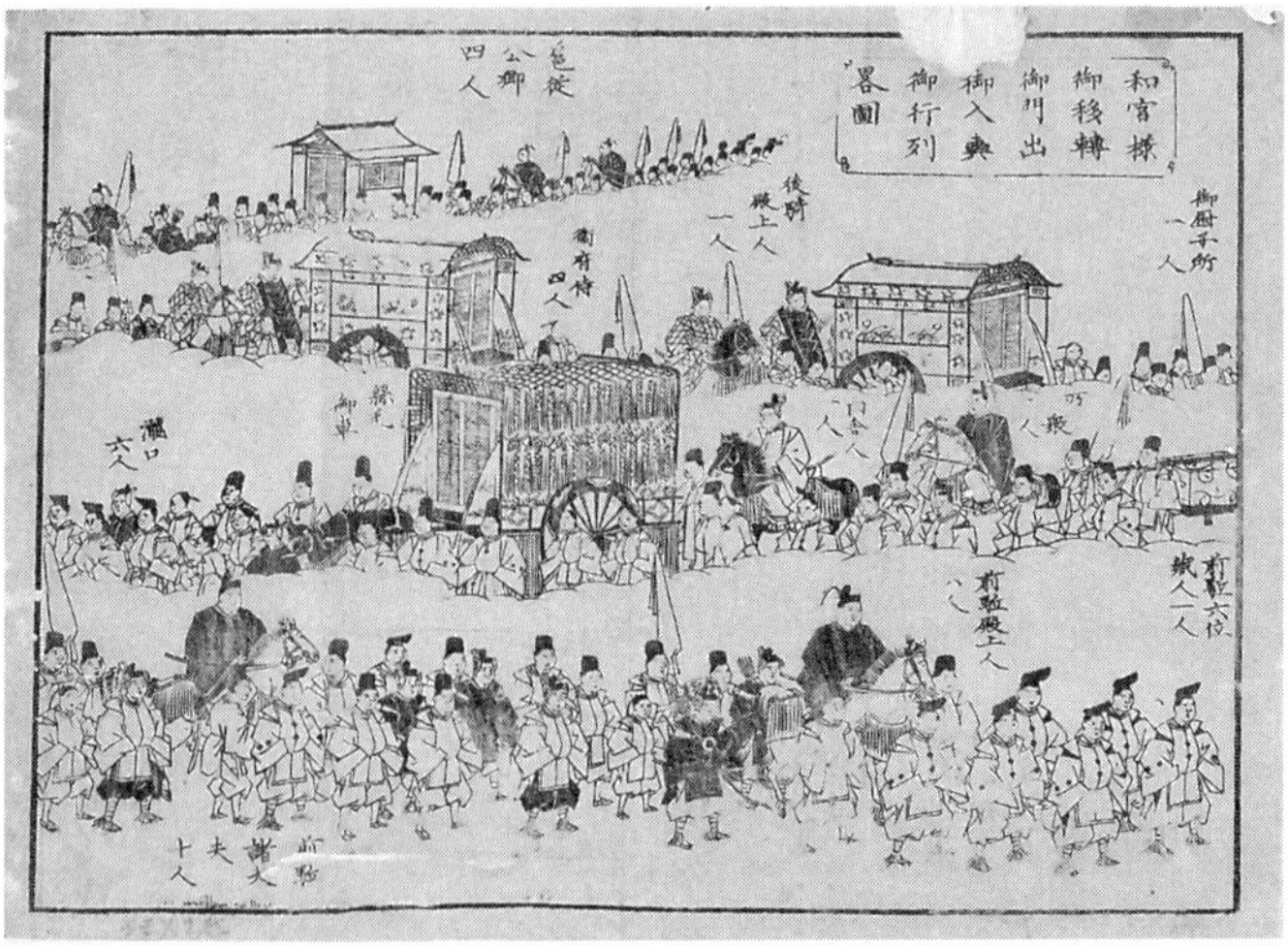

図20　和宮降嫁図（「和宮様御移転御門出御入輿御行列略図」，東京都江戸東京博物館所蔵，画像提供：東京都江戸東京博物館／DNPartcom）

されると、和宮の降嫁は、幕府の威信を回復するための重要案件となり、「公武合体」という言葉で表現された政治政策であった。

当初は、安政五年に生まれたばかりの孝明天皇の第二皇女富貴宮《ふきのみや》が第一候補であったが、富貴宮が翌年に亡くなり、候補が和宮に絞られた。そして、公家側としてもこの問題を契機に、朝幕間の緊張を緩和する期待があり、近衛忠熙《ただひろ》は、京都所司代《しょしだい》の酒井《さかい》忠義《ただあき》を自邸に招き、和宮降嫁の件につきその可能性を示唆したことが明らかにされている（その後、忠熙は安政の大獄により失脚し落飾《らくしょく》・謹慎となった）。

万延元年、幕府は和宮降嫁を朝廷に

奏請し、関白九条尚忠《くじようひさただ》が天皇に奏上するが、天皇は、すでに有栖川宮との婚約があること、和宮が先帝の皇女であること、当人が外国人の来集する関東の地を恐れていることなどを踏まえて却下した。

これに対して所司代酒井は、正徳期の将軍家継《いえつぐ》と霊元《れいげん》法皇の皇女八十宮《やそのみや》の婚約という先例を挙げて説得を試みるが、降嫁拒絶が返答されるなど事態は紛糾した。天皇は岩倉具視《いわくらともみ》の建言を踏まえ、朝権を回復し、攘夷の実行を前提に話を進めることとし、天皇から和宮に対して説得をおこない、和宮からは「御いやさまの御事ながら、御上（孝明天皇）の御為と思召《おぼしめ》し、関東え成らせられ候まま、能々《よくよく》申し入れ候やう」（『忠能《ただやす》卿手録』）という返事があり、いやいやながら天皇のために江戸に行くので、よくよく申し入れて下さいとの返事があり、結局、天皇の説得に応じて降嫁が決定した。

その後も下向時期や通商条約をめぐって朝幕の折衝がおこなわれ、文久元年（一八六一）四月、和宮は内親王宣下《せんげ》をおこなったのち、十月京都を発足し、中山道を通って江戸に下向した。和宮一行の東下につき、木曽街道を通行する前後の情況が島崎藤村『夜明け前』第一部の中では、次のように描かれている。

十月の二十日は宮様が御東下の途に就かれるという日である。（中略）半蔵が家の表も二尺通り石垣を引っ込め、石垣を取り直せとの見分役からの達しがあった。（中略）九つ半時に、姫君を乗せたお輿は軍旅のごときいでたちの面々に前後を護られながら、雨中の街道を通った。いかめしい鉄砲、纏《まとい》、馬簾《ばれん》の陣立ては、ほとんど戦時に異ならなかった。供奉《ぐぶ》の御同勢はいずれも陣笠、腰弁当で、供男一人ずつ連れながら、そのあとに随った。中山大納言（忠能）、菊亭中納言（実順）、千種少将（有文）、岩倉少将（具視）、その他宰相の典侍《てんじ》、命婦《みょうぶ》能登などが供奉の人々の中にあった。京都の町奉行関出雲守（行篤）がお輿の先を警護し、お迎えとして江戸から上京した若年寄加納遠江守（久徴）、それに老女らもお供をした。これらの御行列が動いて行った時は、馬籠《まごめ》の宿場も暗くなるほどで、その日の夜に入るまで駅路に人の動きの絶えることもなかった。

翌二年に家茂との婚儀をあげたが、江戸での和宮の生活では、しばしば京風と江戸風との衝突があったものの、家定の正室かつ家茂の養母であった天璋院との折り合いをつけ、家茂とは互いに愛情をもって接していたことが窺える。

しかし家茂は翌三年に幕初以来の将軍上洛をおこない、攘夷決行の期日を決定したほか、元治元年（一八六四）に再度上洛し、慶応元年（一八六五）に長州征討のためにも上洛し国事に奔走した。慶応二年第二次長州征討のさなか、家茂は大坂城で病いに臥し、和宮が平癒祈願のため増上寺黒本尊にお百度を踏むなどしたが、祈禱《きとう》の甲斐なく、七月に家茂は没し、同年末に和宮は落飾して静寛院宮《せいかんいんのみや》と号した。

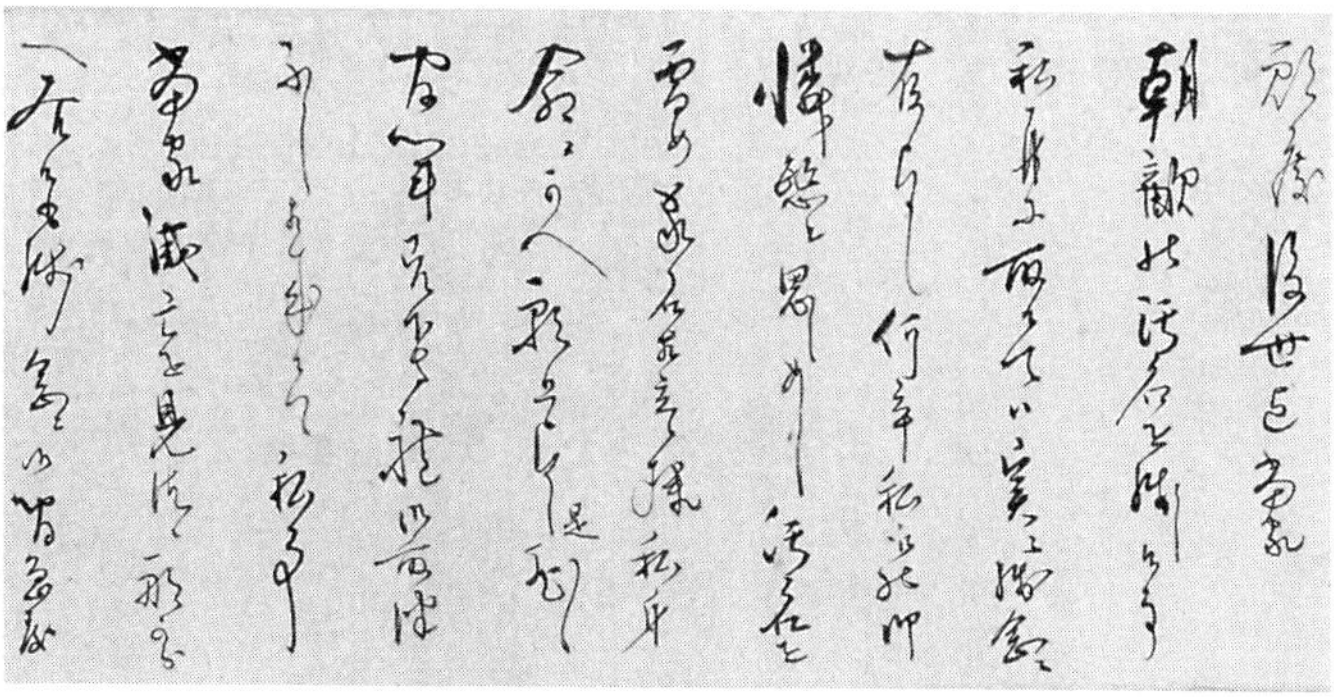

図21　橋本少将宛て静寛院宮書状（慶応４年〈1868〉正月20日，海の見える杜美術館所蔵）

さて、天璋院と静寛院宮のその後であるが、天璋院は薩摩・長州を主力とする官軍が江戸城総攻撃にあたり、薩摩の西郷隆盛《さいごうたかもり》に徳川家の寛大な措置を嘆願し、江戸城無血開城の一助となり、徳川の家名も残ることとなった。

一方、静寛院宮は橋本実麗《はしもとさねあきら》・実梁《さねやな》父子宛てに書状を送り（図21参照）、自分への憐愍《れんびん》と思って徳川家の家名を存続させてもらうよう願いを出しており、朝廷より、慶喜の恭順次第では家名存続もありうるとの内旨をもらったことで、幕臣の動揺を鎮め、恭順の態度を維持することに努めた（『静寛院宮御日記』）。また静寛院宮は、板橋まで進駐していた岩倉具定《ともさだ》のもとに侍女を派遣して、江戸進入をしばし中止するよう要請をおこなった。

大総督は三月十五日を期して総攻撃を予定していたが、勝海舟《かつかいしゅう》が江戸の薩摩藩邸を訪れ、西郷隆盛と会見し、慶喜の謹慎・恭順を踏まえ備前《びぜん》藩お預け（のちに水戸に謹慎に変更）とするなど、江戸城明け渡しに関わる七つの条件の合意をみて、西郷は東海・東山二道の先鋒総督に、江戸城進撃の中止を命じた。静寛院宮は四月九日に清水邸に、天璋院は十日に一橋邸に、それぞれ居を移した。

以上のように、幕末期、京都から下った二人の女性は婚家徳川家の存続にとって重要な役割を果たした。

江戸に迫る

改革や攘夷を迫る

和宮待遇に関わる勅使下向問題

前章で述べたように、「公武合体」を象徴する和宮《かずのみや》の降嫁が現実となったが、徳川家茂《とくがわいえもち》との婚儀がなされるまでには公家と武家両者の様々な摩擦があった。

和宮が江戸に着いた際、「今日から伺い方は江戸の風儀に致しますと大奥上﨟《じょうろう》の花園《はなぞの》が申したが、何分京都の御風ということで天皇より仰せ出されておりますので、やはり京御風で伺い方をおこなうように返答致しました」（『静寛院宮御日記《せいかんいんのみや》』二）と記述しているように、大奥上﨟年寄《としより》の花園から「江戸の風儀」にとの説明に対して、和宮側は降嫁の条件である「京都の御風」通りにという返答をし、これは事前の約束が江戸の大奥に知らされていないものと解されたわけである。

このほか、天璋院《てんしょういん》との会見における礼遇の問題や、和宮に従って下向した女官の庭田《にわた》嗣子《つぐこ》らに宛行《あてが》われた部屋の問題などが庭田から朝廷へと伝えられた。これに対する朝廷の女官衆からの返信には「和宮の待遇について天皇の思し召しのごとく改善していただくよう、よくよくお考えいただき、お取り計らいいただくように、念を入れて申し入れるようにとの天皇の御沙汰でございます」(『孝明《こうめい》天皇紀』三)と記され、天皇が和宮待遇問題で深く憂慮していることが伝えられた。朝廷では、この問題について幕府の真意を詰問《きつもん》するため、議奏《ぎそう》を勅使《ちょくし》として派遣することが議論された。

これに対して幕府側も待遇改善に努めるほか、京都所司代《しょしだい》と武家伝奏《ぶけてんそう》の間で折衝がおこなわれ、朝廷内では和宮降嫁を推進した公家の久我建通《こがたけみち》や岩倉具視《いわくらともみ》らが排斥され、事態の緩和が進められ、勅使派遣は棚上げとなった。このように、天皇の意志としての勅使下向は、江戸時代の初期とはまったく異なる意味をもち、幕府にとっては朝廷からの圧力を受けることを避けたい展開であったことがわかる。

幕政改革を迫る

文久二年(一八六二)四月、薩摩《さつま》藩主島津忠義《しまづただよし》の父久光《ひさみつ》は、兄斉彬《なりあきら》の死後に藩内で政治力を強め、無位無官にもかかわらず、兄の果たせなかった上洛を敢行した。そして久光は、親族の近衛忠煕《このえただひろ》をはじめ諸公家と面会し、安政の大獄で謹慎処分を受けている者の解放と、公武合体を図るための幕政改革の必要性を説いた。

その後、久光は近衛忠熙の息忠房《ただふさ》を通じて九ヵ条の意見書を提出し、議奏中山忠能《なかやまただやす》・正親町三条実愛《おおぎまちさんじょうさねなる》らによって朝議にかけられ、朝廷は京都所司代酒井忠義《さかいただあき》に老中久世広周《くぜひろちか》の上京を命じた。その後五月六日に勅使派遣が決定し、所司代から久世広周の上京が伝えられると（久世は、五月後半には老中辞職の内願を出す）、薩摩藩大久保利通《おおくぼとしみち》らが勅使派遣に向けて中山忠能や正親町三条実愛を説得し、ようやく大原重徳《おおはらしげとみ》を勅使として江戸に派遣することが決定した（『中山忠能履歴資料』三）。

大原重徳は、安政五年（一八五八）のいわゆる廷臣八十八卿列参に参加した者の一人であり、武力をもって条約勅許奏請の阻止を企て、老中堀田正睦《ほったまさよし》の副役として上洛した川路聖謨《かわじとしあきら》・岩瀬忠震《いわせただなり》両名の旅館に押しかけて討とうと計画するなど、行動派の公家として知られていた。家格としては必ずしも高くない立場の公家ではあったが、勅使に任命されると、大原は異例の左衛門督《さえもんのかみ》に補され、旅支度の費用として黄金十五枚が下賜された。

五月十一日に朝廷では、将軍が大名を率いて上京し、内治の安定と攘夷の国是《こくぜ》を協議すること、五大藩主（薩摩・長州・土佐・加賀・仙台）を五大老として参与させること、一《ひとつ》橋慶喜《ばしよしのぶ》を将軍後見職、松平慶永《まつだいらよしなが》を大老職に就けることなど、幕府に要望する三事策について公家たちに諮問がなされた。その後、朝議は二転三転するものの、五月二十二日、七、八百人の兵を従えた島津久光をともない、勅使大原重徳が出発した。出発にあたり、先の三事策に加えて御沙汰書が勅使に渡された。

勅使一行は六月七日に江戸に到着して伝奏屋敷に入り、久光は高輪屋敷に入った。勅使のもとへ老中らが事前会談に出向くが、大原はこの慣例を破り、事前会談を拒否した。そして大原は十日に江戸城に登城するが、その際、「勅使の武家伝奏は帯刀しない慣例だということで、帯刀しないように伝えられたが、自分は内裏の警護にあたる左衛門督にある以上、天皇の御前でも帯剣する身分である」と主張して刀を置くことを拒んだ。

そして白書院において将軍の座る上段に上がって将軍家茂に勅旨を伝え、勅文を将軍に授けると、将軍が一覧してから松平容保《かたもり》・松平慶永をはじめ老中・若年寄も拝見し、将軍は自ら口を開き、「段々の仰せ承り、猶《なお》とくと勘考《かんこう》いたし、あとより御請け申し上ぐべき旨」を申し述べた（『島津久光公実紀』）。

松平慶永の家臣中根雪江《なかねせっこう》は「大原殿年六十二、有名なる頑固の攘夷家なり」「この御退隠の身ながら、請《こ》ふて奉勅に及ばれたり。故に御待遇も一と通りならず困難なりし」（『再夢紀事』）と記しているように、幕府としては、これまでの公家とは異なり、その対応に窮しただけでなく、朝廷からは幕府の人事的干渉を受けることとなった。

大原は十三日に再度登城し、黒書院で面会した松平慶永・松平容保・老中などに回答を求め、なおも決まらないため、十六日の三度目の登城でも天皇の考えに従うように迫った。松平慶永の政事総裁職の就任は承諾されたが、一橋慶喜の人事については難色が示されて決定をみないため、大原は、数度にわたり老中脇坂安宅《わきさかやすおり》と板倉勝静《いたくらかつきよ》を伝奏屋敷に招き、厳然たる態度で迫った末、大久保利通ら薩摩藩士の示威行動も加わり、ようやく老中から遵奉《じゅんぽう》するよう努力するとの回答を引き出した。

その結果、大原は七月一日に登城し、白書院の上段において将軍家茂と会見し、家茂が勅旨奉答の口状を述べ、一橋慶喜を将軍後見職に、松平慶永を政事総裁職に、それぞれ任命する口状書を老中脇坂が大原に呈した。

これにより、同月六日に一橋慶喜に対して、「今度叡慮《えいりょ》をもって仰せ進められ候に付き、御後見これを仰せ出《いだ》さる」と伝えられ、一橋慶喜に所領十万石の相続が仰せ付けられると同時に、孝明天皇の意思をもって将軍後見職が任命されることとなった。そして同月九日、松平慶永に対しても「叡慮をもって仰せ進められ候に付き、御政治向総裁職仰せ付けられ候旨上意これ有り」と達せられた。その後、八月に入って大原は登城し、島津久光の官位叙任の件で幕閣と交渉したが、この件は実らなかった。

いずれにせよ、右の人事上の改革をはじめ、それまで隔年交代であった大名の参勤交代を三年に一度に改め、江戸在府期間を百日とする参勤交代の緩和や、蕃書調所《ばんしょしらべしょ》を洋書調《ようしょしらべ》所《しょ》と改めて洋学研究を推進したほか、陸軍の設置、西洋式兵制を導入するなどの軍事改革をおこない、ここに一連の人事・職制・諸制度の改革を含めた文久の改革が実現した。しかし、外様大名の一勢力や、それまで政治的実権を有しない朝廷の圧力により改革を強要されたことは、幕府の権威を失墜させることになった。

ちなみにこの上洛時に起きたのが生麦《なまむぎ》事件である。久光一行は、勅使より一日早く、八月二十一日に江戸を出発した。午後二時頃、行列が生麦村（現在の横浜市鶴見区）に差しかかった時、横浜から川崎大師《だいし》見物に出かけた四人の騎馬のイギリス人と行き会った。薩摩藩士らが下馬し道を譲るように伝えたが、これを理解できず行列内に入り混じり、久光の駕籠《かご》に近づいたため、これを無礼とみた藩士数名が斬りかかり、リチャードソンは絶命、二人が重傷を負う事件であった。この事件の賠償交渉が決裂し、薩英戦争に発展した。

さて、大原のその後であるが、閏八月上旬に京都に戻ると国事御用《こくじごよう》掛《かかり》などを務めるが、翌年には罪を問われて辞職し、蟄居《ちっきょ》・落飾《らくしょく》した。その後赦免《しゃめん》されて復位をした大原は、慶応期に条約勅許を再審議した際には、「やむなければ開国しても仕方がない。ただこのまま開国しては神州の恥辱《ちじょく》であるから、鎖も開もその道をふんで決定すべし」という意見を関白に提出し、時勢に対応した変化もみせている（時野谷勝「大原重徳」）。そして明治新政府の参与のほか、刑法官知事や集議院（上局）長官を務めるなどして明治十二年

（一八七九）に没した。享年七十九であった。

三条実美《さんじょうさねとみ》といえば、幕末期においては、急進派の公家の代表、七卿落ちした公家として教科書でもお馴染みである。しかし、天皇と将軍との君臣関係を保持しつつ朝権伸張を図った師の富田織部《とみたおりべ》の影響を強く受けた実美は、文久二年（一八六二）の前半の時点では必ずしも過激な考えを有した攘夷論者ではなかったという見方がある（刑部芳則『三条実美』）。

攘夷実行を迫る

文久二年五月に朝廷に国事を議するために設けられた国事御用書記が新設されると、実美は、徳大寺実則《とくだいじさねのり》や三条西季知《さんじょうにしすえとも》らとともに任じられ、この時期には親幕派とみられていた九条尚忠《くじょうひさただ》から関白が近衛忠煕に交代した。その後、和宮降嫁を推進し、幕府に協力してきた久我建通・岩倉具視・千種有文《ちぐさありふみ》・富小路敬直《とみのこうじひろなお》らが「四奸《かん》」などとして糾弾された。八月十六日には、三条実美はじめ十三名の連署で久我建通を弾劾する上書を近衛忠煕に提出し、同月二十日に岩倉・千種・富小路に蟄居が命じられ、辞官落飾が勅許となり、二十五日には久我へ蟄居、辞官落飾が命じられた。

実美の父実万《さねつむ》が安政の大獄で処罰され、久我が天皇の信任を得て内大臣の地位に就いたが、ここに攘夷派の勢力が逆転したことになった。閏八月十八日に孝明天皇が攘夷について勅問をおこなった際、実美は攘夷が実行されるように、天皇の意志を幕府に伝え諸藩に布告すべきだと主張した。この後、実美は九月二十日に議奏加勢《かせい》、十月七日に議奏に任じられている。

九月に入り、勅使派遣が浮上するが、関白近衛としては再度の勅使派遣を躊躇《ちゅうちょ》してお り、幕府に攘夷実行の勅使派遣を強く望んだのは、三条の一族の姉小路公知《あねがこうじきんとも》であった。当時、武家伝奏は坊城俊克《ぼうじょうとしかつ》一人であり、坊城を一人で年頭勅使とするよりは別勅使を派遣した方がよいと決められた。

姉小路は、九月四日に「国事御扶助」を命じられた青蓮院宮《しょうれんいんのみや》（朝彦《あさひこ》親王）にしきりに勅使派遣を求めており、青蓮院宮からは今しばらく待つように反対されている。しかし、九月十八日に島津忠義《ただよし》・毛利《もうり》敬親《たかちか》・山内豊範《やまうちとよのり》（三条実美の従弟）の三藩主が連名で勅使派遣を建白すると、勅使派遣が決定し、十月十二日、別勅使に任命された勅使三条実美と副使姉小路公知は、京都を出発し、同月二十七日に江戸に到着した。姉小路には武市瑞山《たけちずいざん》が同行した。

この間、将軍家茂が麻疹《はしか》にかかったため、ようやく十一月二十七日に登城となり、この時、家茂は両者を玄関敷台前で出迎え（図22では、左奥で将軍が勅使を迎えている）、大広間まで案内した。大広間では、三条と姉小路が上段に着座し、将軍と一橋慶喜が中段に座り、老中は下段に座った。先に述べた勅使大原の待遇とは明らかに異なり、この勅使待遇

図22　三条実美の江戸城登城（田中有美筆『三条実美公事蹟絵巻』より，宮内庁三の丸尚蔵館所蔵）

のあり方は、将軍と天皇の立場が逆転したことを意味していた。三条は、将軍が勅書を受け取ると、攘夷の実行と京都御所の警護を各藩に求める内容を読み上げた。

そして将軍は、来春に上洛して奉答することを約束した。三条は、十二月五日付正親町三条と中山宛ての書翰で、「勅諚《ちょくじょう》御請《おうけ》これ有り候、即《すなわち》諸藩へ布告の処《ところ》も、明日より三家溜詰《たまりづめ》伝達相成り候、（中略）先《ま》ずもって尊王の筋は相立ち候、安意仕《つかまつ》り候」（『鹿児島県史料　玉里島津家史料』二）と記し、天皇の勅書が諸藩に伝達され、成果をあげたことを知らせている。

十二月二十六日に三条と姉小路が帰京すると、京都では攘夷実行の期限を求める運動が盛んになっていた。文久三年三月四日、将軍家茂が上洛したが、徳川将軍が上洛するのは、寛永十一年（一六三四）

以来、実に二百二十九年ぶりのことであった。

同月七日参内した家茂には、将軍として攘夷を委任することと、国事について朝廷から直接諸藩に命じることがあるという内容の天皇の文書が渡され、四月二十日、幕府は五月十日を攘夷実行の期限と回答した。

三月十一日には、攘夷の成功を祈願する賀茂社《かも》行幸《ぎょうこう》がおこなわれ、寛永三年以来の二百三十七年ぶりの出来事となった。この行幸では将軍家茂を臣下として従えることとなり、まさに将軍と天皇の立場の逆転を可視化することになった。

ちなみに三条とともに江戸へ下り、尊攘派公家の象徴とされた姉小路公知は、五月二十日夜、朝儀を終えた御所の清和門《せいわもん》を出て、朔平門《さくへいもん》を過ぎたところで襲撃され（朔平門外の変）、翌朝亡くなった。京都では、攘夷論が過熱し、三条らに対する期待の裏腹で、攘夷運動の実現に向けた急進派と、穏健派の緊張関係をはらんでいた。

江戸を攻める

征討大将軍となる

慶応四年（一八六七）正月、新政府軍と旧幕府軍とが鳥羽・伏見の戦いで衝突すると、戊辰《ぼしん》戦争が始まった。新政府は仁和寺宮嘉彰《にんなじのみやよしあき》親王を征討大将軍に任命して、錦《にしき》の御旗（図23参照）や節刀を授けた。これに関わり、西《さい》園寺公望《おんじきんもち》が山陰道鎮撫総督《ちんぶそうとく》、橋本実梁《はしもとさねやな》が東海道鎮撫総督に任命・発遣され、徳川慶喜《とくがわよしのぶ》の追《つい》討《とう》令が出された。そして慶喜が大坂より関東に下ると、岩倉具定《いわくらともさだ》が東山道鎮撫総督に、高《たか》倉永祜《くらながさち》が北陸道鎮撫総督に、それぞれ任命発遣され、ここに新政府軍は東進を開始した。

同年二月九日、新政府は総裁の有栖川宮熾仁《ありすがわのみやたるひと》親王を東征大総督（正月末に征討大将軍の職は廃止）に任命し、先行した東海道・東山道・北陸道の先鋒総督を東征大総督の指揮下に置き、薩摩《さつま》・長州・尾張《おわり》・紀伊など二十二藩の兵を従わせて江戸に迫った。参与《さんよ》の正親《おおぎ》

図23　錦の御旗（「戊辰所用錦旗及軍旗真図」より，国立公文書館所蔵）

町公董《まちきんただ》と西四辻公業《にしよつじきんなり》、広沢真臣《ひろさわさねおみ》らが大総督府参謀に（広沢はすぐ辞任）、参与助役の穂波経度《ほなみつねのり》と河鰭実文《かわばたさねふみ》が錦旗《きんき》奉行に、議定《ぎじょう》の聖護《しょうご》院宮嘉言《いんのみやよしこと》親王が海軍総督に、庭田重胤《にわたしげたね》・中山忠愛《なかやまただなる》が海軍参謀に、それぞれ任命された。

他方、新政府の軍とは異にする部隊として、草莽隊《そうもうたい》が各地に現れて、その盟主となった公家たちがいた。慶応二年（一八六六）十二月十二日に挙兵した鷲尾隆聚《わしのおたかつむ》が盟主となった鷲尾隊、同四年正月六日に綾小路俊実《あやのこうじとしざね》（のちに大原《おおはら》家を継ぎ大原重実《しげみ》と改名）と滋野井《しげのい》公寿《きんひさ》を盟主とする赤報隊《せきほうたい》、十八日には高松公村《たかまつきんむら》を盟主とする高松隊が出撃した。高松隊は正月二十五日に帰京を命じられた。このほか、九州では西海道鎮撫と称して花山院家理《かざんいんいえのり》が軍事行動を起こしたが、毛利敬親《もうりたかちか》（周防《すおう》山口藩主）の軍勢に拘束されることとなり、三月十七日に帰京した（刑部芳則『京都に残った公家たち』）。

赤報隊は、進撃にあたって各地で年貢半減令を掲げたが、正月二十七日に新政府が年貢半減を撤回したことから、「偽《にせ》官軍」として処罰されることとなった。公家の綾小路と滋野井の処刑は免れ、京都への帰還となった。

公家の江戸入城

大総督府参謀の西郷隆盛《さいごうたかもり》と旧幕府側の代表勝海舟《かつかいしゅう》との会談を経て、江戸城無血開城が決せられ、四月十一日に江戸城が新政府側に引き渡され、武装解除がおこなわれた。東海道先鋒軍参謀海江田信義《かえだのぶよし》らが薩摩・長州・尾張など七藩の兵を率いて入城し、旧幕府側大目付織田信重《おだのぶしげ》らの案内で城内を点検し、城郭・鉄砲・兵器などを接収した。そして尾張藩が城郭を管轄し、各門には藩兵を置いて警戒に当たった。二十一日には、勅使《ちょくし》として橋本実梁と、副総裁の柳原前光《やなぎわらさきみつ》が江戸城西の丸に入城し、有栖川宮熾仁親王に江戸城が引き渡された。

熾仁親王は、直ちに軍議を開き、三道の先鋒総督らに令旨《りょうじ》を下して、軍勢をねぎらい、徳川慶頼《よしより》・大久保忠寛《おおくぼただひろ》・勝海舟らに江戸市中の取締りを命じた。

慶喜の水戸引退の後、旧幕臣や脱藩兵らが上野の東叡山《とうえいざん》寛永寺に集まって勢力を形成したことで、新政府との敵対姿勢が不安視される中、これにいかに対処していくかが新政府の課題となった。彰義隊《しょうぎたい》は、徳川慶喜を護衛する部隊として結成されたものだが、慶喜が寛永寺に蟄居《ちっきょ》し、水戸へと退去した後も、寛永寺貫主《かんじゅ》を兼ねた輪王寺宮公現法親王《りんのうじのみやこうげんほっしんのう》（北《きた》白川宮能久《しらかわのみやよしひさ》親王）を擁して、徳川将軍家霊廟守護を名目に、寛永寺を拠点に江戸に残り続け、各地の脱藩兵が加わって三千人が上野に集まっていた。

徳川家処分の早期決定によりこの事態の収拾を図ろうとした大総督府が京都に裁可を求めると、大久保利通《としみち》が総裁・議定より一人を江戸に遣わして処置を講じるべきとしたのに対して、木戸孝允《きどたかよし》が東征軍に反抗する者を討滅してから徳川家処分を決定するべきと主張して対立が起きた。その結果、閏四月十日、三条実美《さんじょうさねとみ》が関東監察使《かんさつし》に任命され、三条に徳川家処分の全権が与えられた。翌日三条は京都を出発して大坂にしばらく滞在し、そこから船で二十四日に江戸城に到着した。三条は、徳川氏の駿府移封と七十万石削減を決定し、彰義隊の討伐ののち、田安亀之助《たやすかめのすけ》（のちの徳川家達《いえさと》）に対して宗家継承を伝えた。

五月上旬、江戸の三条からは「東叡山に集まった賊徒だけは掃討せねば、（江戸で抱える）問題は解決できません。このことばかりで苦労しております」と京都の岩倉に対して伝えており、彰義隊を討伐する方針を決定した新政府は、京都から西郷に代わる統率者として大村益次郎《おおむらますじろう》を派遣した。その結果、五月十五日（一八六八年七月四日）、新政府軍は、寛永寺一帯に籠《こも》る彰義隊を包囲して総攻撃をおこない、壊滅させた。

大坂遷都案

鳥羽・伏見の戦い直後の慶応四年正月十七日（一八六八年二月十日）、参与の大久保利通は、総裁有栖川宮熾仁親王の諮問に対して、大坂遷都をもって答えた。そして二十三日には、太政官《だじょうかん》の会議において浪華《なにわ》遷都（大坂遷都）の建白書を提出するに至った。その中で宮中の「数百年来一塊《いっかい》シタル因循《いんじゅん》ノ腐臭《ふしゅう》ヲ一新」するために遷都が必要で、遷都先としては大坂が適していると主張した。しかし、大坂が京都に隣接しているとはいえ、遷都をおこなえば千年の都である京都を放棄することとなるとして、これに抵抗の大きい公卿ら保守派の激しい反対を受け、同年正月二十六日に廃案となった。

続いて大久保は、総裁熾仁親王と副総裁岩倉具視を通して、保守派にも受け入れられやすい、一時的な大坂行幸《ぎょうこう》を提案し、同年正月二十九日これが決定した。しかし、大坂行幸の発表により、これが遷都につながるのではないかと考えた公家や宮中、京都市民から、反対の声が高まり、太政官も同時に移すという当初の計画は取り下げられた。

同年三月二十一日（一八六八年四月十三日）、天皇は副総裁三条実美らをともなって京都を出発し、同月二十三日に大坂の本願寺別院に到着、ここを行在所《あんざいしょ》とした。天皇は天保山《てんぽうざん》で軍艦を観覧するなどして、四十余日ほどの大坂滞在の後、閏四月に京都に還幸した。

江戸時代の天皇の場合、文久三年（一八六三）に孝明《こうめい》天皇が賀茂社と石清水《いわしみず》八幡宮に行幸するまで、京都御所の外に出ることがなかった。わずかに御所の火災の際など、臨時に公家の別邸などの仮御所に遷幸《せんこう》をしたくらいである。例えば、嘉永六年（一八五三）四月に女院御所から出火した火は内裏を焼き、孝明天皇は下鴨《しもがも》神社への避難を経て、聖護院《しょうごいん》、さらには桂宮へと遷幸し、仮御所を置いた。

江戸遷都論

その後、薩摩藩洋学校の講師前島密《まえじまひそか》による「江戸遷都論」なる建白書が大久保に届けられた。その建白書によると「浪華（大坂）は道路が狭小で、官庁を建設するには膨大な経費を必要とするのに対して、江戸は役人や諸大名の藩邸などが利用でき、官庁を新築する必要がない。江戸が帝都とならなければ市民が離散して寂れてしまう。江戸に遷都すべきである」（「太政官日誌」）などと江戸遷都の理由を挙げている。のちに、大久保も徳川氏を駿府に移し、江戸を東京とすることが良策であるとし、東京遷都を支持していくことになる（『東京百年史』）。

しかし、遷都計画には公卿《くぎょう》や保守派、京都市民などから反対の声が挙がり、実行するのは容易ではなかった。徳川氏の駿府移封が決定すると、大総督府軍監江藤新平《えとうしんぺい》と肥前《ひぜん》藩徴士大木喬任《おおきたかとう》が東西の二京（江戸を東京、京都を西京）を併立させる案を提起し、公卿らの反対もあったが同意をとりつけて決議され、政府は慶応四年（一八六八）六月十九日、参与木戸孝允と大木喬任に江戸が帝都として適しているかの調査に当たらせた。

二人は江戸の状況を視察し、有栖川宮・三条・大久保・江藤らと協議のうえ、七月七日に京都へ戻り、都を定める奠都《てんと》が可能であることを報告した。これを受けて同月十七日、「自今江戸ヲ称シテ東京トセン」（『明治天皇紀』一）と記される詔書が発せられた。

この詔書では、天皇自らが親裁をおこなうにあたり、江戸が東国で第一の大都市であってここで政治をみることが大事であり、江戸を東京と称して、東西を同視することを発表している。保守派や京都市民への配慮から、東京奠都を明確にはしなかったものの、東西両京の方針通り、ここに東京が誕生した。

関東の行政を担う公家

慶応四年（一八六八）五月二十九日、大総督府は江戸に鎮台府《ちんだいふ》を置いて、鎮台に有栖川熾仁親王、鎮台輔《ちんだいほ》に橋本実梁・大原俊実・西四辻公業を任じた。鎮台府は、旧幕府の寺社奉行・町奉行・勘定奉行の三奉行とその記録を引き継ぎ、市政・社寺・民政の各裁判所において民政を担当した。

そして東京誕生に前後するが、五月二十四日、右大臣となった三条実美は関東監察使から関八州鎮将《かんはっしゅうちんしょう》を兼ねて関東の行政を委任されることになり、鎮台輔の大原俊実・西四辻公業には関八州監察使を兼ねさせた。

五月末、三条実美は橋本実梁とともに和宮《かずのみや》を訪ね、天皇の勅旨を伝えて上洛を促したが、和宮は「人心未だ安定せざるを以て、暫く上京の期を延べんことを欲す」と回答した。そして翌二年正月中旬に、和宮は東海道を京都へと向かい、二月に京都に帰着し、明治天皇と対面した。

七月十七日、鎮台および関八州鎮将が廃止されて鎮将府がおかれると、鎮台府の管轄範囲は駿河《するが》・甲斐《かい》などを加えて十三州となった。大総督熾仁親王は江戸鎮台の任を解かれて軍務を管掌し、鎮将府には三条実美が鎮将となり議政局と行政局・会計局・軍務局などがおかれた。

そして江戸府が改められて東京府が開設され、初代東京府知事には、前江戸府知事であった烏丸光徳《からすまるみつえ》が任命された（東京府が正式に開庁となったのは八月十七日のことで、幸橋《さいわいばし》御門《ごもん》内の元柳沢保申《やなぎさわやすのぶ》邸が当てられた）。東京府設置後も府の実態としては市政裁判所を引き継いだものに過ぎず、明治二年（一八六九）六月段階での東京府職員はわずか三百五十四人ほどで（「順立帳」）、烏丸光徳は三ヵ月後には知事を辞し、京都に戻った。

東京に集う──エピローグ

明治天皇の東幸

三条実美《さんじょうさねとみ》は江戸の統治には天皇の存在が不可欠と感じて、天皇の行幸を求めていた。これを受けて慶応四年（一八六八）八月四日に東京行幸が布告されると、反対論が巻き起こった。以下、『明治天皇紀』を参照しつつ、言及してみたい。

これに対して江藤新平《えとうしんぺい》が「東京御幸遅延を諫《いさ》むるの表」を提出したほか、三条や大久保利通《おおくぼとしみち》が岩倉具視《いわくらともみ》に東幸を勧めることでようやく実現に至った。天皇は八月二十七日、政情の激しい移り変わりにより遅れていた即位の礼を執りおこない、明治元年九月二十日（慶応四年九月八日より明治に改元）に天皇は鳳輦《ほうれん》に乗って京都を出発し、輔相《ほしょう》岩倉具視、議定《ぎじょう》中山忠能《なかやまただやす》・伊達宗城《だてむねなり》・池田章政《いけだあきまさ》らをともない、警護の長州藩・土佐《とさ》藩・備前《びぜん》藩・大洲《おおず》

（宮内庁書陵部宮内公文書館所蔵）

藩の四藩の兵隊を含め、供奉《ぐぶ》の人数は三千三百余人にのぼった。

下向途中には、一行が大津に着いた頃、大原重徳《おおはらしげとみ》が馬で駆けつけ、伊勢神宮の大鳥居が倒れたとの報を得て、神が東幸に警告を与えていることを主張して東幸を取り止めるよう促すが、結局、岩倉具視が誓書を神明に奉《たてまつ》ることを約束して事を収め、大原を帰洛させるという一幕もあった。また、天竜川には船橋が架けられ、大井川には仮橋が架けられるなど、これまで蓮台《れんだい》などを用いて渡河していた慣行とは異なる方式で河川を渡った。

江戸府内の組々世話掛の名主らには、火元に注意することや、水溜桶《みずためおけ》などを用意し、風が激しい時には打水の準備をするように

図24　明治天皇の東幸行列図

布達したほか、品川十八ヵ寺門前から呉服橋御門までの町々名主らには、盛砂《もりずな》をしておくこと、空地を板囲いすること、名主は麻上下、家主は羽織《はおり》袴《はかま》を着用して出ていることなど、様々な命を下していた。

十月十三日板輿《いたごし》に乗った天皇は、品川で東征大総督熾仁《たるひと》親王・鎮将三条実美・東京府知事烏丸光徳《からすまるみつえ》らによる出迎えを受け、江戸の人々に朝廷の威厳を誇示しようと、供奉の親王・公卿らは衣冠帯剣《いかんたいけん》し、三等官以上の徴士（諸藩の家臣や地方の有力者から登用された役人）は直垂《ひたたれ》帯剣して皆馬に騎す行列をとった。

そして、増上寺で小休止をした後、天皇は鳳輦に乗り込んで出発し、新橋・京橋を経て和田倉門《わだくらもん》を経、楽人らが太鼓や鉦《かね》を奏で先導して、大手門より入城した。東幸の総経費は金七十七万八千七百六十円余に及んだ。

図24は、歌川芳藤《うたがわよしふじ》筆、明治元年十一月改印（検閲を受けて）で、東京着御《ちゃくぎょ》の後に実見または情報によって作成された錦絵で、背景が特段描かれず、金地のみで仕上げられている。行列は、鼓吹隊を含め、西洋帽と獣毛髪飾りの前衛隊を先頭に錦旗が続き、二輿の御羽《おは》車《ぐるま》（葱華輦《そうかれん》）、唐櫃《からびつ》により神鏡を奉安する内侍所と関連祭祀御物を運んでいる様子が見てとれる。そして天皇の乗る鳳輦が続き、後衛銃隊も加えて、行列編成全体をコンパクトに描いている（奈倉哲三『錦絵解析　天皇が東京にやって来た！』）。

江戸城はその日のうちに東幸の皇居と定められ東京城と改称された。続いて同年十月十七日には、天皇が内外の政《まつりごと》を自ら裁決することを宣言する詔《みことのり》を発した。十一月四日、新政府は江戸市民の中に残る政府批判の感情を和らげるために、江戸市民に酒肴を配った。大町には一町三樽、中町には一町二樽、小町には一町一樽ずつで計二千九百九十樽を配布した。

市民は「天盃頂戴《てんぱいちょうだい》」といって酒を酌《く》み交わした。市民は酒樽を車に積んで太鼓や鉦を打ち鳴らし練り歩き、家業を休んで、昼夜を問わず祭礼気分で宴飲舞踏に及んだ（『武江年表』）。

孝明《こうめい》天皇の三年祭と立后《りつごう》（一条忠香《いちじょうただか》の三女寿栄君《すえぎみ》の明治天皇への入内《じゅだい》）の礼のため、天皇は一度京都に戻ることになったが、この還幸にあたって三条は独り賛成せず、今すぐに京都に戻れば関東の人心を失するとして早々の還幸に反対する意見書を提出した。三条はこの中で、「東京の盛衰は日本全国の盛衰荒廃である。京都・大坂を失っても、東京を失わなければ天下を失うことはない」「東北は庄内藩が降伏して鎮定されたが、未だ人心が鎮まったとはいえず、加えて蝦夷《えぞ》海賊の変がある。天下の大業を成すには、東を棄て西に去る場合ではない」（『三条実美公年譜』）と述べ、旧幕府軍の抵抗が蝦夷地に及んだことを不安視したうえ、天皇の還幸への反対を強く主張した。

天皇の再幸

明治元年（一八六八）十二月八日、天皇は京都に還幸し、同月二十二日に戻った。京都の市民には酒二百三十七石余り、スルメを十一万八千五百余枚を配った。金額にして四千二百六十六両余にのぼる。一方、還幸にあたっては、東京市民に不安を与えないよう再び東京に行幸《ぎょうこう》することや、旧本丸跡に宮殿を造営することが発表された（この計画は財政難によりすぐには実現できなかった）。

京都の市民にとっては遷都に対する不安はぬぐえず、明治二年正月二十五日、東京への再度の行幸を前に岩倉は、天皇の意向を知らず政府や民間で遷都があるかのように思っている者が少なからずいて、京坂の人々が動揺していると考え、関東地域は王化が行き届いていないため新政を施す意味の再幸だとすることを伝える諭告を求める建議を三条実美におこなった。また、岩倉は政府内でも遷都論を唱える者がいるとし、遷都が天皇の叡慮によって出されているわけでもなく、自分も賛同しないと伝えた。京都府からも、諭告によって遷都ではないかと動揺する京都市民をなだめている。

このように遷都をあからさまに公表できない中、同年三月七日、翌年の三月には京都に戻り冬に大嘗祭《だいじょうさい》をおこなうことにして、三条らを従えて再び東京への行幸がおこなわれた（再幸）。天皇が同年三月二十八日東京城に入り、ここに滞在するため東京城の呼称を皇城《こうじょう》とすることに改めた。政府の最高機関である太政官《だじょうかん》は京都から東京に移され、京都には留守官（のちに京都府に合併）が設置された。ついで同年十月二十四日には皇后も東京に移った。

明治二年六月の版籍奉還《はんせきほうかん》がなされた際には、公卿《くぎょう》・諸侯《しょこう》の称を廃し、改めて華族と呼ばれることとなった。こうした華族制度の発足とともに、華族の東京移住が義務付けられたことで、京都に残る公家たちも多くは東京に居住することとなった。

そして明治四年までに刑部省《ぎょうぶ》・大蔵省・兵部省《ひょうぶ》などの京都の出張所が廃止され、留守官は明治三年五月に京都府から宮中に移され、同年十二月に京都の宮内省に合併され、東京への機能の移転が次々に進められていった。

天皇や公卿・諸侯が東京へと移っていくのに従い、京都を本拠にしてきた三井家が東京への移住をおこなったほか、禁裏御用菓子屋の黒川光保《くろかわみつやす》（虎屋《とらや》）も京都だけでなく東京にも店を開くなど、商人らの移転も盛んにおこなわれた。こうした状況は京都の荒廃につながるものと憂慮した岩倉具視は、明治十六年に、古都としての美や風俗を海外の人が称揚するものとなると訴えて京都の保存を主張し、そのことは、その後の京都御所を中心とした古都の保存・整備につながった。

東京移住の道

天皇の東幸にともない、天皇に仕えていた公家たちはいかにして東京移住への道をたどったのであろうか。ここでは、「菊亭《きくてい》文庫」の記録をもとにしながら、菊亭家（従来、今出川《いまでがわ》と菊亭の両称号を用いてきたが、十九世紀後半からは菊亭の称を用いた）の事例でみてみたい。菊亭実順《さねあや》の息脩季《ゆきすえ》（一八五七〜一九〇五）は、関白鷹司《たかつかさ》輔熙《すけひろ》の末子に生まれたが、元治元年（一八六四）、菊亭家の養子として実順の跡を嗣いだ。

明治元年（一八六八）四月、『明治天皇紀』に「学習院を改めて仮に大学寮代と為し、三十歳以下十歳以上の輩をして、毎日辰の刻（八時）より申の刻（十六時）に至るまで、就きて学を講ぜしむ、而《しか》して開寮の期を閏四月一日と為《な》す、維新以来、人材を養成して国家に貢献せしむべしと論ずる者多く、（中略）此の命ありしなり」（『明治天皇紀』一）と記されているように、幕末期に開校した公家子弟の教育機関である学習院を大学寮代とし、若い公家たちに、国家貢献のための人材として学問奨励が布達された。

当時未だ十二歳の脩季は大学寮代へ通い始めるが、同二年二月に大学寮代を改組した、国学中心の皇学所と漢学中心の漢学所が設置されると、両機関に通い始めた。漢学所の場合、「講釈聴聞を許し候間《そうろうあいだ》、所望の輩《ともがら》、参校勝手たるべき事、但し、若年の輩、連日素読質問等入学儀許され候」と明示されており、積極的に通学を許可し若い子弟の教育の振興を掲げていた。

二月二十三日、脩季は「従四位下宣下《せんげ》蒙《こうむら》せられ候に付き、御願として仰せ進《まいら》せられ候」と記されているように、従四位下に叙任された。そしてすでに述べたように、六月十七日、版籍奉還が勅許された同日の太政官達により、公卿諸家が華族となることが定められ（公卿は百四十二家にのぼった）、菊亭家も組み入れられた。

東京奠都《てんと》にともない、七月八日に明治政府は旧幕府の昌平学校などをもとに大学校を設置することとし（のちに皇学所・漢学所は廃止）、三月十五日に東京へ勤学ということで出立した（同年九月には病いにより「退寮願」を出して京都に戻った）。

そして明治三年五月八日、心得として書付が届き、そこには「この度、若輩華族を召され候儀は、格別厚く思し召し在らせられ、東京において実学勤修仰せ付けられ、行く末屹《きっ》度朝家《とちょうけ》御用のため相立ち候様、思し召し遊ばされ候、且つ途中等もなるたけ軽易に通行すべし」と記され、供や支度は「供侍二人、下部一人、切棒駕籠《きりぼうかご》、両掛二荷」とし、五月二十六日には、出納司において、東向支度路費《したくろひ》として金百七十四両二分永五十文（支度金八十両、御手当金十三両、旅籠《はたご》五人分金十九両二分、馬旅籠料金七両三分永五十文、人足賃金四十八両、川越賃金六両一分）が支給された。

六月十日、再び東京へ出立し、当初は姉治子《はるこ》が三条実美に嫁いでいる縁から、三条邸（外桜田新橋）に同居した（同四年四月、所労願により京都に戻り、十月に元服昇殿している）。九月二十日には、「今般、勤学東上のため仰せ付けられ度に付き、学資月給下し置かれ冥加至極《みょうがしごく》、有り難き仕合わせ成路に仕り候、然《しか》るに少年不肖《ふしょう》の脩季、過分の家禄下賜《かし》これ有り候上は、自ら奮発勉学仕るべきは固《もと》より当然之儀、況んや方今《ほうこん》何扁にも御用途御両端の折柄、学資等拝戴仕り候ては、深く恐れ入り愚裏何分不安に候、一日ながら憚《はばか》り、右返上仕りたく存じ奉り候、この段宜しく御斟酌《しんしゃく》の上、御執奏《しっそう》下され候様、願い奉り候也《なり》」と記し、支度金の支出のみでなく、自己の過分な待遇に対して、月給の学資金の辞退を申し出て、許可を得ている。

このほか、十一月二十八日には、太政官内に雅楽局を置くことになり、これまで琵琶《びわ》道伝授の家職を担ってきたものを止められることが布達されているほか、十一月には、脩季が京都府貫属《かんぞく》を仰せ付けられ、家禄として現米六百九十一石四斗（江戸期は千六百五十五石八斗）を「永世下賜候事」とされている。

明治四年七月には、華族は東京在住を命じられ、同年十月には、「華族は四民の上に立って庶民の目標と成るべきで、一同天皇の下に轂《あつめ》召し寄せられ、国内外の文明の進歩を察し、見分を広めて知見を深め、国家に貢献できるように奮発して勉励すべきこと」（『孝明天皇紀』二）との勅旨が示された。

当初は、前述したように、三条家に同居していたが、その後、脩季は第三大区十四小区赤坂氷川町に居住し（明治七年には第三大区二小区麹町元園町一丁目に居住）、「移住御届」を提出して、同五年三月二十三日、東京府貫属願いが仰せ付けられた。

菊亭脩季の場合、幼い頃に父実順を失い、維新変革を経て近代社会に足を踏み入れたこともあって、江戸時代までの社会のあり方にあまり執着のない公家の一人であったかもしれない。明治政府としては、若き公家たちによって次代が担われる素地を作り、修季はその社会に進んで加わっていったわけである。

その一方で、維新変革が実現し、華族という新たな地位を得るに至ったものの、多くの公家たちは、それまでの長く継承してきた各家の家職を失い、必ずしも政治的・社会的な地位を得る道は乏しかった。そのことは、脩季ののちの生き方が物語るが、その点を含めて、他の論稿に委ねたい。

江戸に向かう公家たち

江戸に向かう公家たちのお話を、ようやくここに終えることができる。冒頭に記したように、江戸時代の公家についての多様な認識をお伝えする機会となり、公家を通じた人々との多彩な交流の実相や都市「江戸」の異なる側面に光を当てる機会となることを目途に筆を執ってきた。

江戸時代の社会において、公家は必ずしも陽の当たることのない存在ではあったが、江戸の社会で、確実にその地位と地歩を固めていたといえる。もともとは自らの社会的・経済的必要性から進んで江戸に下向し、将軍と極めて昵近《じっきん》となる公家が出現する一方、将軍宣下や贈官位、昇進などの場面で「役者」となり、江戸幕府のハレの場を荘厳《しょうごん》する役割を担った。そして、将軍自らの推薦や催促によって、家元として技芸の指導、権威付与を体現する役割を果たして、存在感を増していった。

公家が江戸に下ることで、その家業に入門したり、積極的に縁戚となることで、互いに訪問する機会をもつなどしたほか、武家や町人または周縁の人々とも多様な交流の場が生まれ、公家がそうした人々の「連衆《れんじゅ》」の紐帯を担っていた。時には、政治的な推移の中で、幕府と相対立する対象として風説の対象となり、他方で風刺の対象ともなって、庶民の口の端に上ることがあった。

公家の女性の中には江戸に下って将軍や大名の妻となる者や大奥に仕える者もいた。そうした女性たちを通じて京都の文化、公家の風儀が伝えられ、時には大奥を通じて政治的な権限を発揮する者も現れた。

このように様々な諸相において、どっこい公家は粘り強く生き続け、かつ強《したた》かにその存在感を発揮していた。読者の皆さんが都市「江戸」や江戸時代の諸相について、これまでと少し異なる視点から見る機会となり、そして江戸時代の公家について多様な認識をもっていただく一助となれば幸いである。

あとがき

近世の天皇・朝廷や公家について関心をもち始めたのは、学部三年次に所属していたゼミで、東京大学出版会刊『大系・日本国家史3近世』の講読会をおこない、そこに所収されていた朝尾直弘「近世の将軍と天皇」という論稿について、私が担当して報告をおこなうことになったのがきっかけである。

当時、家永教科書裁判の過程で、「近世の天皇」の記述が一つの論点となっており、朝尾氏がこの論稿を執筆する一つの背景となっていたことを知り、この報告を契機に自ら教科書裁判の傍聴をおこなうなどして、学問の自由や思想の自由の問題、研究と教育との問題について大いに考えることになった。

また、この時期に前後して、学習院大学の高埜利彦先生を中心に公家日記の講読会を進めていた朝幕研究会の例会に参加させていただき、江戸前期の摂家一条兼輝の日記を読み進めるなかで、近世の天皇や公家社会の一端を垣間見ることができたのが今日の出発点になっている。

その後、「寛政期の尊号一件」を研究テーマに卒業論文を執筆したものの、到底満足な研究とはならず、大学院に進学して、国立公文書館や東京大学史料編纂所、宮内庁書陵部などに通いながら、公家日記を読み進めることとなった。修士論文は「近習衆」や「議奏」という江戸前期に設置された組織を中心に、寛文～元禄期の公家日記を分析して朝廷内制度の変化と幕府の対応についてまとめたが、これがその後の研究の礎の一つとなっている。

以来、四十年近くを経て、多くの若い研究者が近世の天皇や朝廷をテーマに研究を積み重ね、今日に至ってはこの分野の認識を大いに深めることになった。そして、朝幕研究会のメンバーによる論文集『論集　近世の天皇と朝廷』（岩田書院、二〇一九年）を発刊するまでに至ったことは、大きな前進だととらえている。

本書も、こうした若い研究者を含め、多くの精力的な研究成果の恩恵を受けている。近年は、近世の天皇・朝廷に関する研究が書籍として多数発刊されるようになり、近世を通しての朝廷や公家の諸相を考えるうえで、より広く共有すべきものと考え、ここに筆を執った次第である。

もともと本書執筆のきっかけとなったのは、竹内誠編『近世都市江戸の構造』（三省堂、一九九七年）に「公家の江戸参向―江戸の武家文化との一つの接点―」（のち拙著『近世の公家社会と幕府』に再録）という一編を寄せたことが構想のもととなっている。執筆にあたり、伊豆の温泉ホテルで合宿報告会をおこなったことは、今では良き思い出となっている。テーマ全体からいえば、やや門外漢とも言える自分を快く受け入れていただいた、故竹内誠先生はじめ東京学芸大学の近世史研究会の方々に深く感謝を申し上げたい。

二〇二〇年十一月、吉川弘文館編集部の冨岡明子さんより本書執筆のお勧めをいただき、以来、二年半の歳月を経ての脱稿となった。このような機会をいただき、かつコロナ禍においても辛抱強くお待ちいただいたことに謝意を表したい。そして編集の労をとっていただいた堤崇志さん、矢島初穂さんにも感謝申し上げたい。

昨年四月に、これまで幼少より支えてくれた母が他界した。本書を母に捧げる一書としたい。

二〇二三年三月

田　中　暁　龍

参考文献・主要史料

参考文献

飛鳥井雅道「皇族の政治的登場」（佐々木克編『それぞれの明治維新』吉川弘文館、二〇〇〇年）
天野忠幸『列島の戦国史4　室町幕府分裂と畿内近国の胎動』（吉川弘文館、二〇二〇年）
家近良樹『幕末の朝廷―若き孝明帝と鷹司関白―』（中央公論新社、二〇〇七年）
石上英一ほか編『講座・前近代の天皇』二（青木書店、一九九三年）
石田　俊『近世公武の奥向構造』（吉川弘文館、二〇二一年）
稲　雄次「幕末維新史における―搢紳―大原重徳―」（『秋田法学』三八、二〇〇一年）
井上容子「衣紋会の組織と活動について―近世中後期の高倉家衣紋会を中心として―」（久留島浩・吉田伸之編『近世の社会集団―由緒と言説―』山川出版社、一九九五年）
今江広道「江戸時代の武家伝奏―久我信道『公武御用雑記』を中心に―」『高橋隆三先生喜寿記念論集古記録の研究』続群書類従完成会、一九七〇年）
氏家幹人『江戸の女の底力』（世界文化社、二〇〇四年）
大久保利謙「皇学所」（『国史大辞典』五、吉川弘文館、一九八五年）
大嶌聖子「江戸幕府の高家成立について―初期の職務をめぐって―」（『國學院大學大学院紀要』二五、一九九四年）

大山和哉「中院通村の和歌添削指導と役割」（『国語国文』八二―七〈九四七〉、二〇一三年）
小川朝子「近世の幕府儀礼と三方楽所―将軍家法会の舞楽を中心に―」（今谷明ほか編『中近世の宗教と国家』岩田書院、一九九八年）
小川朝子「楽人」（横田冬彦編『近世の身分的周縁2　芸能・文化の世界』吉川弘文館、二〇〇〇年）
刑部芳則『京都に残った公家たち』（吉川弘文館、二〇一四年）
刑部芳則『三条実美』（吉川弘文館、二〇一六年）
刑部芳則『公家たちの幕末維新―ペリー来航から華族誕生へ―』（中央公論新社、二〇一八年）
笠谷和比古『関ヶ原合戦と近世の国制』（思文閣出版、二〇〇一年）
川上真理「江戸城町入能の開口・演目と秩序―身分制社会の共同性空間―」（『法政史学』六二、二〇〇四年）
菊池謙介「実録「中山大納言物」の諸特徴―諸本系統・人物造型を中心に―」（飯倉洋一ほか編『文化史のなかの光格天皇―朝儀復興を支えた文芸ネットワーク―』勉誠出版、二〇一八年）
菊池庸介「『中山深秘録』を読む―定信嫌いの、池田治政―」（『日本文学』六六―九、二〇一七年）
岸　泰子「安政度内裏遷幸と都市空間」（『日本建築学会計画系論文集』七九―六九五、二〇一四年）
京都市編『京都の歴史』三（学芸書林、一九六八年）
久保貴子「高家に関する一考察」（『杉並区立郷土博物館研究紀要・年報』一、一九八一年）
久保貴子「武家社会に生きた公家女性」（『日本の近世15　女性の近世』中央公論社、一九九三年）
久保貴子『近世の朝廷運営』（岩田書院、一九九八年）

久保貴子『後水尾天皇』（ミネルヴァ書房、二〇〇八年）
久保貴子『徳川和子』（吉川弘文館、二〇〇八年）
久保貴子「明暦大火以前の参向公家の宿所について」（『吉良家日記』西尾市、二〇一三年）
久保貴子「江戸に生きた公家女性―朝幕関係の一側面―」（朝幕研究会編『論集　近世の天皇と朝廷』岩田書院、二〇一九年）
久保貴子「正親町町子」（竹内誠ほか編『論集　大奥人物研究』東京堂出版、二〇一九年）
久保田啓一『近世冷泉派歌壇の研究』（翰林書房、二〇〇三年）
熊倉功夫『後水尾院』（朝日新聞社、一九八二年）
久留島浩「近世における祭りの「周辺」」（『歴史評論』四三九、一九八六年）
黒田基樹『今川のおんな家長　寿桂尼』（平凡社、二〇二一年）
近衛通隆「近衛前久の関東下向」（『日本歴史』三九一、一九八〇年）
坂内泰子「三条西実教と後水尾院歌壇―歌の家の終焉―」（長谷川強編『近世文学俯瞰』汲古書院、一九九七年）
佐々木克「東京「遷都」の政治過程」（『人文學報』六六、京都大学人文科学研究所、一九九〇年）
佐々木克『江戸が東京になった日』（講談社、二〇〇一年）
佐々木克『幕末政治と薩摩藩』（吉川弘文館、二〇〇四年）
佐々木克『幕末の天皇・明治の天皇』（講談社、二〇〇五年）
宍戸忠男「日光例幣使と公家の関東下向」（『風俗史学』一九、二〇〇五年）

清水善仁「江戸下向後の和宮待遇問題」(『風俗史学』三六、二〇〇七年)
菅原正子『中世公家の経済と文化』(吉川弘文館、一九九八年)
助広倫子「烏丸光広の『東行記』」(『墨美』一八五、一九六八年)
鈴木健一『近世堂上歌壇の研究』(汲古書院、一九九六年)
すみだ郷土文化資料館編『隅田川の伝説と歴史』(墨田区教育委員会、二〇〇〇年)
瀬川淑子『皇女品宮の日常生活―『无上法院殿御日記』を読む―』(岩波書店、二〇〇一年)
関口すみ子『御一新とジェンダー』(東京大学出版会、二〇〇五年)
高梨素子『後水尾院初期歌壇の歌人の研究』(おうふう、二〇一〇年)
高埜利彦『近世日本の国家権力と宗教』(東京大学出版会、一九八九年)
高埜利彦『江戸幕府と朝廷』(山川出版社、二〇〇一年)
高埜利彦『近世の朝廷と宗教』(吉川弘文館、二〇一四年)
竹内　誠「老中松平定信の解任事情」(『東京学芸大学紀要』三部門、一九八三年)
竹内　誠『寛政改革の研究』(吉川弘文館、二〇〇九年)
竹内誠・深井雅海ほか編『論集　大奥人物研究』(東京堂出版、二〇一九年)
武部敏夫『和宮』(吉川弘文館、一九六五年)
武部敏夫「和宮の生涯」(『皇女和宮―幕末の朝廷と幕府―』江戸東京博物館、一九九七年)
田中暁龍『近世前期朝幕関係の研究』(吉川弘文館、二〇一一年)
田中暁龍『近世朝廷の法制と秩序』(山川出版社、二〇一二年)

田中暁龍「中近世の禁裏小番と武家昵近衆」（朝幕研究会編『近世の天皇・朝廷研究　第五号―第五回大会成果報告集―』科学研究費補助金基盤研究（C）近世天皇・朝廷研究の基盤形成、二〇一三年）
田中暁龍「近世「武家伝奏」の成立」（朝幕研究会編『論集　近世の天皇と朝廷』岩田書院、二〇一九年）
田中暁龍『近世の公家社会と幕府』（吉川弘文館、二〇二〇年）
嗣永芳照「小瀬甫庵『永禄以来事始』―史料紹介―」（『史観』一〇七、一九八二年）
辻善之助「江戸時代朝幕関係」（『日本文化史』五、春秋社、一九六〇年）
辻達也編『日本の近世2　天皇と将軍』（中央公論社、一九九一年）
辻ミチ子「近衛家老女・村岡―女の幕末社会史―」（佐々木克編『それぞれの明治維新』吉川弘文館、二〇〇〇年）
出口実紀「天王寺方楽人の江戸参仕について」（『大阪芸術大学紀要』三五、二〇一二年）
東京百年史編集委員会編『東京百年史』二（東京都、一九七二年）
時野谷勝「大原重徳」（『日本歴史』四五、一九五二年）
徳富蘇峰『近世日本国民史　安政の大獄』前・中・後（民友社、一九三二・三三年）
徳富蘇峰『近世日本国民史　松平定信時代』（民友社、一九三六年）
徳富蘇峰『近世日本国民史　維新への胎動』上・中・下（講談社、一九九三・九四・九六年）
谷口研語『流浪の戦国貴族近衛前久―天下一統に翻弄された生涯―』（中央公論社、一九九四年）
谷口眞子『赤穂浪士と吉良邸討入り』（吉川弘文館、二〇一三年）

谷口眞子『葉隠〈武士道〉の史的研究』（吉川弘文館、二〇二二年）
内藤一成『三条実美』（中央公論新社、二〇一九年）
長坂良宏『近世の摂家と朝幕関係』（吉川弘文館、二〇一八年）
奈倉哲三『錦絵解析　天皇が東京にやって来た！』（東京堂出版、二〇一八年）
名和　修「近衛基熙延宝八年関東下向関係資料」（村井康彦編『公家と武家―その比較文明史的考察―』思文閣出版、一九九五年）
西山松之助『西山松之助著作集一　家元の研究』（吉川弘文館、一九八二年）
日本史史料研究会監修・神田裕理編『ここまでわかった戦国時代の天皇と公家衆たち』（洋泉社、二〇一五年）
日本史史料研究会監修・神田裕理編『伝奏と呼ばれた人々―公武交渉人の七百年史―』（ミネルヴァ書房、二〇一七年）
野村　玄『日本近世国家の確立と天皇』（清文堂出版、二〇〇六年）
野村　玄『徳川家光』（ミネルヴァ書房、二〇一三年）
橋本政宣『近世公家社会の研究』（吉川弘文館、二〇〇二年）
畑　尚子『幕末の大奥―天璋院と薩摩藩―』（岩波書店、二〇〇七年）
畑　尚子「姉小路と徳川斉昭―内願の構図について―」（『茨城県史研究』九四、二〇一〇年）
平井誠二「武家伝奏の補任について」（『日本歴史』四二二、一九八三年）
平井誠二「江戸時代における年頭勅使の関東下向」（『大倉山論集』二三、一九八八年）

平井誠二「中院通茂記」(『日本「日記」総覧　歴史読本特別増刊』新人物往来社、一九九四年)
平井誠二「縫殿頭重村」(山本仁ほか編『定本・佐渡流人史』郷土出版社、一九九六年)
平井誠二「朝廷から見た赤穂事件」(『歴史評論』六一七、二〇〇一年)
平井誠二「『吉良家日記』解題」(『吉良家日記』西尾市、二〇一三年)
深井雅海「大奥老女・姉小路の政治力」(竹内誠ほか編『論集　大奥人物研究』東京堂出版、二〇一九年)
深井雅海『江戸城御殿の構造と儀礼の研究—空間に示される権威と秩序—』(吉川弘文館、二〇二一年)
福田千鶴『大奥を創った女たち』(吉川弘文館、二〇二二年)
藤井讓治『江戸幕府老中制形成過程の研究』(校倉書房、一九九〇年)
藤井讓治『近世初期政治史研究』(岩波書店、二〇二二年)
藤田　覚『松平定信』(中央公論社、一九九三年)
藤田　覚『近世政治史と天皇』(吉川弘文館、一九九九年)
藤田　覚『天皇の歴史06　江戸時代の天皇』(講談社、二〇一一年)
藤田　覚『光格天皇』(ミネルヴァ書房、二〇一八年)
松尾美恵子「近世後期における大名上納金—公儀普請役の変容—」(『徳川林政史研究所研究紀要』昭和五三年度、一九七九年)
松尾美恵子「江戸幕府女中分限帳について」(『学習院女子短期大学紀要』三〇、一九九二年)
松尾美恵子「将軍御台所近衛熙子(天英院)の立場と行動」(『歴史評論』七四七、二〇一二年)

松澤克行「元禄文化と公家サロン」（高埜利彦編『日本の時代史15　元禄の社会と文化』吉川弘文館、二〇〇三年）
松澤克行「摂家年頭使の関東下向記―朝山義延「関東御使仮日記」の紹介―」（東京大学史料編纂所研究成果報告二〇一三―五『近世の摂家・武家伝奏日記の蒐集・統合化と史料学的研究』研究代表者：松澤克行、二〇一四年）
松平太郎『校訂江戸時代制度の研究［普及版］』（柏書房、一九六六年）
村　和明『近世の朝廷制度と朝幕関係』（東京大学出版会、二〇一三年）
望田朋史「近世中期における公儀馳走役―幕府諸政策との関連をめぐって―」（『学習院史学』五六、二〇一八年）
望田朋史「『公家衆御参向之記』と近世後期平戸藩松浦家の馳走役―【附載】御馳走人任命一覧―」（学習院大学人文科学研究所編『人文』二〇、二〇二二年）
本橋ヒロ子「実録・講談『中山大納言』―『中山記』の転化―」（『歴史公論』一一三、一九八五年）
山川　浩『京都守護職始末』（沼澤七郎・黒河内良発行、一九一一年）
山口和夫『近世日本政治史と朝廷』（吉川弘文館、二〇一七年）
山田淳平「近世三方楽所の成立過程」（『日本伝統音楽研究』一三、二〇一六年）
山本博文『徳川将軍と天皇』（中央公論新社、一九九九年）
山本博文『徳川将軍家の結婚』（文藝春秋、二〇〇五年）
山本博文『大奥学』（新潮社、二〇一〇年）

渡邊大門『逃げる公家、媚びる公家─戦国時代の貧しい貴族たち─』（柏書房、二〇一一年）
渡辺　融「蹴鞠の展開についての一考察─江戸時代の争論を中心として、蹴鞠における家元制について─」（『体育学紀要』三、一九六六年）
渡辺融・桑山浩然『蹴鞠の研究─公家鞠の成立─』（東京大学出版会、一九九四年）

主要史料

『蜑の焼藻の記』（『日本随筆大成』二─二十二、吉川弘文館、一九九五年）
「安藤日記」（国立公文書館内閣文庫所蔵）
『以貴小伝』（『史料　徳川夫人伝』新人物往来社、一九九五年）
『宇下人言』（『宇下人言　修行録』岩波書店、一九四二年）
「雲上当時鈔」（国立公文書館内閣文庫所蔵）
『江戸時代落書類聚』上（東京堂出版、一九八四年）
『江戸幕府日記　万治年録』（汲古書院、一九八六年）
『鹿児島県史料　玉里島津家史料』二（鹿児島県、一九六三年）
『鹿児島県史料　斉彬公史料』四（鹿児島県、一九八四年）
『風のしがらみ』（『日本随筆大成』一─十、吉川弘文館、一九九三年）
『甲子夜話』正─二・三・五、続─一、三─四・五（平凡社、一九七七～八三年）
「勧慶日記」（東京大学史料編纂所所蔵）

『寛政重修諸家譜　新訂』二十一（続群書類従完成会、一九八一年）
「菊亭文庫」（専修大学図書館所蔵）
「（京都所司代日記）」（東京大学史料編纂所所蔵）
『旧事諮問録』上（岩波書店、一九八六年）
「享保日次記」（京都大学附属図書館所蔵）
『吉良家日記』（西尾市、二〇一三年）
「国長卿記」（国立公文書館内閣文庫所蔵）
『巷街贅説』上・下（『続日本随筆大成』別巻九・十、吉川弘文館、一九八三年）
「甲辰雑記」（『日本財政経済史料』五、財政経済学会、一九二二年）
『光台一覧』（『故実叢書　増訂版』十三、吉川弘文館、一九二九年）
「公武御用雑記」（東京大学史料編纂所所蔵）
『孝明天皇紀』二・三・四（平安神宮、一九六七・六八年）
『後松日記』（『日本随筆大成』三―七、吉川弘文館、一九九五年）
「近衛家譜」（東京大学史料編纂所所蔵）
「近衛家御東行御留守中日記」（東京大学史料編纂所所蔵）
「伊光記」（東京大学史料編纂所所蔵）
『再夢紀事』（『再夢紀事・丁卯日記』東京大学出版会、二〇一五年）
「定基卿記」（宮内庁書陵部所蔵）

「実種公記」（東京大学史料編纂所所蔵）
「自家年譜」（国立公文書館内閣文庫所蔵）
『島津久光公実紀』（日本史籍協会編、東京大学出版会、二〇〇〇年）
『蕉斎筆記』（『百家随筆』三、国書刊行会、一九一八年）
「将軍宣下城中雑記　常憲院」（陽明文庫所蔵）
「職方聞書幷覚書」（宮内庁書陵部所蔵）
『史料纂集　義演准后日記』三（続群書類従完成会、一九八五年）
『史料纂集　慶長日件録』一・二（続群書類従完成会、一九八一・九六年）
『史料纂集　三藐院記』（続群書類従完成会、一九七五年）
『史料纂集　本源自性院記』（続群書類従完成会、一九七六年）
『史料纂集　泰重卿記』二・三（続群書類従完成会、一九九八・二〇〇四年）
『新訂江戸名所図会』六（筑摩書房、一九九七年）
『新訂増補国史大系　続徳川実紀』一〜五（吉川弘文館、一九六六・六七年）
『新訂増補国史大系　徳川実紀』一〜十（吉川弘文館、一九六四〜六六年）
「新蘆面命」下（国文学研究資料館所蔵）
「資勝卿記」（国立公文書館内閣文庫所蔵）
『駿府記』（『当代記　駿府記』続群書類従完成会、一九九五年）
『静寛院宮御日記』二（皇朝秘笈刊行会、一九二七年）

『世事見聞録』（岩波書店、一九九四年）
『続群書類従　補遺三　お湯殿の上の日記』九（続群書類従完成会、一九三四年）
『大日本維新史料　編年之部』三―三（東京大学出版会、一九八五年）
『大日本維新史料　類纂之部　井伊家史料』十七（東京大学出版会、一九九一年）
『大日本近世史料　広橋兼胤公武御用日記』一（東京大学出版会、一九九〇年）
『大日本近世史料　細川家史料』六（東京大学出版会、一九七八年）
『大日本古記録　新井白石日記』上・下（岩波書店、一九五二・五三年）
『大日本古記録　言緒卿記』上・下（岩波書店、一九九五・九八年）
『大日本史料』十二―八・二十六・二十七・二十八（東京大学出版会、一九七〇・七四年）
「孝亮宿禰記」（東京大学史料編纂所所蔵）
『譚海』（国書刊行会、一九一七年）
「輝良公記」（東京大学史料編纂所所蔵）
「天保雑記」（国立公文書館内閣文庫所蔵）
「東行日記」（国立公文書館内閣文庫所蔵）
『兎園小説』（『日本随筆大成』二―一、吉川弘文館、一九九四年）
『時慶記』三（臨川書店、二〇〇八年）
『徳川幕府家譜』『幕府祚胤伝』『柳営婦女伝系』（『徳川諸家系譜』一・二、続群書類従完成会、一九七〇・七四年）

「中院通茂日記」（東京大学史料編纂所所蔵）
「中院通茂備忘録」（京都大学附属図書館所蔵）
『中山忠能履歴資料』三（日本史籍協会、一九三三年）
「二条家譜」（東京大学史料編纂所所蔵）
「野宮定功公武御用記」一（宮内庁書陵部所蔵）
「反汗秘録」（早稲田大学図書館所蔵）
「樋口家譜」（東京大学史料編纂所所蔵）
「日次記」（国立公文書館内閣文庫所蔵）
『藤岡屋日記』一・五（『近世庶民生活史料』三一書房、一九八七・八九年）
『文会雑記』（『日本随筆大成』一―十四、吉川弘文館、一九九三年）
「文露叢」（国立公文書館内閣文庫所蔵）
『本願寺文書』（柏書房、一九七六年）
『本光国師日記』（『大日本仏教全書』一四二、仏書刊行会、一九二二年）
『松蔭日記』（岩波書店、二〇〇四年）
「松平家文書」（上田市立博物館所蔵）
『松平大和守日記』（『日本庶民文化史料集成』十二、三一書房、一九七七年）
『松屋叢話』（『日本随筆大成』二―二、吉川弘文館、一九九三年）
「道房公記」（宮内庁書陵部所蔵）

『明治天皇紀』一・二（吉川弘文館、一九六八・六九年）
「基煕公記」（東京大学史料編纂所所蔵）
「山科忠言卿記」（宮内庁書陵部所蔵）
『よしの冊子』下（『随筆百花苑』九、中央公論社、一九八一年）
『我衣』（『日本庶民生活史料集成』十五、三一書房、一九七一年）

著者紹介

一九六一年、東京都に生まれる

一九八七年、東京学芸大学大学院教育学研究科修士課程修了

現在、桜美林大学リベラルアーツ学群教授、博士（史学）

〔主要著書・論文〕

『近世前期朝幕関係の研究』（吉川弘文館、二〇一一年）

『近世朝廷の法制と秩序』（山川出版社、二〇一二年）

『近世の公家社会と幕府』（吉川弘文館、二〇二〇年）

「近世「武家伝奏」の成立」（朝幕研究会編『論集　近世の天皇と朝廷』岩田書院、二〇一九年）

歴史文化ライブラリー

576

江戸に向かう公家たち

みやこと幕府の仲介者

二〇二三年（令和五）九月一日　第一刷発行

著　者　田《た》中《なか》暁《とし》龍《たつ》

発行者　吉川道郎

発行所　株式会社　吉川弘文館

東京都文京区本郷七丁目二番八号

郵便番号一一三―〇〇三三

電話〇三―三八一三―九一五一〈代表〉

振替口座〇〇一〇〇―五―二四四

http://www.yoshikawa-k.co.jp/

印刷＝株式会社　平文社

製本＝ナショナル製本協同組合

装幀＝清水良洋・宮崎萌美

ISBN978-4-642-05976-3

歴史文化ライブラリー
1996.10

刊行のことば

現今の日本および国際社会は、さまざまな面で大変動の時代を迎えておりますが、近づきつつある二十一世紀は人類史の到達点として、物質的な繁栄のみならず文化や自然・社会環境を謳歌できる平和な社会でなければなりません。しかしながら高度成長・技術革新にともなう急激な変貌は「自己本位な刹那主義」の風潮を生みだし、先人が築いてきた歴史や文化に学ぶ余裕もなく、いまだ明るい人類の将来が展望できていないようにも見えます。このような状況を踏まえ、よりよい二十一世紀社会を築くために、人類誕生から現在に至る「人類の遺産・教訓」としてのあらゆる分野の歴史と文化を「歴史文化ライブラリー」として刊行することといたしました。

小社は、安政四年（一八五七）の創業以来、一貫して歴史学を中心とした専門出版社として書籍を刊行しつづけてまいりました。その経験を生かし、学問成果にもとづいた本叢書を刊行し社会的要請に応えて行きたいと考えております。

現代は、マスメディアが発達した高度情報化社会といわれますが、私どもはあくまでも活字を主体とした出版こそ、ものの本質を考える基礎と信じ、本叢書をとおして社会に訴えてまいりたいと思います。これから生まれでる一冊一冊が、それぞれの読者を知的冒険の旅へと誘い、希望に満ちた人類の未来を構築する糧となれば幸いです。

吉川弘文館

歴史文化ライブラリー

近世史

歴史文化ライブラリー

歴史文化ライブラリー

地図から消えた島々 幻の日本領と南洋探検家たち——長谷川亮一
自由主義は戦争を止められるのか 芦田均・清沢洌・石橋湛山——上田美和
軍用機の誕生 日本軍の航空戦略と技術開発——水沢　光
国産航空機の歴史 零戦・隼からYS－一一まで——笠井雅直
首都防空網と〈空都〉多摩——鈴木芳行
帝都防衛 戦争・災害・テロ——土田宏成
帝国日本の技術者たち——沢井　実
強制された健康 日本ファシズム下の生命と身体——藤野　豊
「自由の国」の報道統制 大戦下の日系ジャーナリズム——水野剛也
学徒出陣 戦争と青春——蜷川壽惠
特攻隊の〈故郷〉 霞ヶ浦・筑波山・北浦・鹿島灘——伊藤純郎
陸軍中野学校と沖縄戦 知られざる少年兵「護郷隊」——川満　彰
沖縄戦の子どもたち——川満　彰
沖縄からの本土爆撃 米軍出撃基地の誕生——林　博史
原爆ドーム 物産陳列館から広島平和記念碑へ——頴原澄子
米軍基地の歴史 世界ネットワークの形成と展開——林　博史
沖縄米軍基地全史——野添文彬
考証　東京裁判 戦争と戦後を読み解く——宇田川幸大
ふたつの憲法と日本人 戦前・戦後の憲法観——川口暁弘
戦後文学のみた〈高度成長〉——伊藤正直
首都改造 東京の再開発と都市政治——源川真希
鯨を生きる 鯨人の個人史・鯨食の同時代史——赤嶺　淳

文化史・誌

山寺立石寺 霊場の歴史と信仰——山口博之
神になった武士 平将門から西郷隆盛まで——高野信治
跋扈する怨霊 祟りと鎮魂の日本史——山田雄司
将門伝説の歴史——樋口州男
殺生と往生のあいだ 中世仏教と民衆生活——苅米一志
浦島太郎の日本史——三舟隆之
〈ものまね〉の歴史 仏教・笑い・芸能——石井公成
戒名のはなし——藤井正雄
墓と葬送のゆくえ——森　謙二
運　慶 その人と芸術——副島弘道
ほとけを造った人びと 止利仏師から運慶・快慶まで——根立研介
祇園祭 祝祭の京都——川嶋將生
洛中洛外図屏風 つくられた〈京都〉を読み解く——小島道裕
化粧の日本史 美意識の移りかわり——山村博美
乱舞の中世 白拍子・乱拍子・猿楽——沖本幸子

歴史文化ライブラリー

歴史文化ライブラリー

歴史文化ライブラリー

飛鳥の宮と藤原京 よみがえる古代王宮——林部 均
出雲国誕生——大橋泰夫
古代出雲——前田晴人
古代の皇位継承 天武系皇統は実在したか——遠山美都男
壬申の乱を読み解く——早川万年
戸籍が語る古代の家族——今津勝紀
古代の人・ひと・ヒト 名前と身体から歴史を探る——三宅和朗
疫病の古代史 天災、人災、そして——本庄総子
万葉集と古代史——直木孝次郎
郡司と天皇 地方豪族と古代国家——磐下 徹
地方官人たちの古代史 律令国家を支えた人びと——中村順昭
古代の都はどうつくられたか 中国・日本・朝鮮・渤海——吉田 歓
平城京に暮らす 天平びとの泣き笑い——馬場 基
平城京の住宅事情 貴族はどこに住んだのか——近江俊秀
すべての道は平城京へ 古代国家の〈支配の道〉——市 大樹
都はなぜ移るのか 遷都の古代史——仁藤敦史
古代の都と神々 怪異を吸いとる神社——榎村寛之
聖武天皇が造った都 難波宮・恭仁宮・紫香楽宮——小笠原好彦
天皇側近たちの奈良時代——十川陽一
藤原仲麻呂と道鏡 ゆらぐ奈良朝の政治体制——鷺森浩幸
古代の女性官僚 女官の出世・結婚・引退——伊集院葉子
〈謀反〉の古代史 平安朝の政治改革——春名宏昭
皇位継承と藤原氏 摂政・関白はなぜ必要だったのか——神谷正昌
王朝貴族と外交 国際社会のなかの平安日本——渡邊 誠
平安貴族の仕事と昇進 どこまで出世できるのか——井上幸治
平安朝 女性のライフサイクル——服藤早苗
平安貴族の住まい 寝殿造から読み直す日本住宅史——藤田勝也
平安京のニオイ——安田政彦
平安京の災害史 都市の危機と再生——北村優季
平安京はいらなかった 古代の夢を喰らう中世——桃崎有一郎
天神様の正体 菅原道真の生涯——森 公章
平将門の乱を読み解く——木村茂光
平安時代の死刑 なぜ避けられたのか——戸川 点
古代の神社と神職 神をまつる人びと——加瀬直弥
古代の食生活 食べる・働く・暮らす——吉野秋二
古代の刀剣 日本刀の源流——小池伸彦
大地の古代史 土地の生命力を信じた人びと——三谷芳幸
時間の古代史 霊鬼の夜、秩序の昼——三宅和朗

歴史文化ライブラリー

中世史

列島を翔ける平安武士 九州・京都・東国——野口 実
源氏と坂東武士——野口 実
敗者たちの中世争乱 年号から読み解く——関 幸彦
平氏が語る源平争乱——永井 晋
熊谷直実 中世武士の生き方——高橋 修
中世武士 畠山重忠 秩父平氏の嫡流——清水 亮
頼朝と街道 鎌倉政権の東国支配——木村茂光
もう一つの平泉 奥州藤原氏第二の都市・比爪——羽柴直人
源頼家とその時代 二代目鎌倉殿と宿老たち——藤本頼人
六波羅探題 京を治めた北条一門——森 幸夫
大道 鎌倉時代の幹線道路——岡 陽一郎
仏都鎌倉の一五〇年——今井雅晴
鎌倉北条氏の興亡——奥富敬之
鎌倉幕府はなぜ滅びたのか——永井 晋
武田一族の中世——西川広平
三浦一族の中世——高橋秀樹
伊達一族の中世 「独眼龍」以前——伊藤喜良
弓矢と刀剣 中世合戦の実像——近藤好和
その後の東国武士団 源平合戦以後——関 幸彦
荒ぶるスサノヲ、七変化 〈中世神話〉の世界——斎藤英喜
曽我物語の史実と虚構——坂井孝一
鎌倉浄土教の先駆者 法然——中井真孝
親 鸞——平松令三
親鸞と歎異抄——今井雅晴
畜生・餓鬼・地獄の中世仏教史 因果応報と悪道——生駒哲郎
神や仏に出会う時 中世びとの信仰と絆——大喜直彦
神仏と中世人 宗教をめぐるホンネとタテマエ——衣川 仁
神風の武士像 蒙古合戦の真実——関 幸彦
鎌倉幕府の滅亡——細川重男
足利尊氏と直義 京の夢、鎌倉の夢——峰岸純夫
高 師直 室町新秩序の創造者——亀田俊和
新田一族の中世 「武家の棟梁」への道——田中大喜
皇位継承の中世史 血統をめぐる政治と内乱——佐伯智広
地獄を二度も見た天皇 光厳院——飯倉晴武
南朝の真実 忠臣という幻想——亀田俊和
信濃国の南北朝内乱 悪党と八〇年のカオス——櫻井 彦
中世の巨大地震——矢田俊文

歴史文化ライブラリー

大飢饉、室町社会を襲う！——清水克行
中世の富と権力 寄進する人びと——湯浅治久
中世は核家族だったのか 民衆の暮らしと生き方——西谷正浩
出雲の中世 地域と国家のはざま——佐伯徳哉
中世武士の城——齋藤慎一
戦国の城の一生 つくる・壊す・蘇る——竹井英文
九州戦国城郭史 大名・国衆たちの築城記——岡寺 良
徳川家康と武田氏 信玄・勝頼との十四年戦争——本多隆成
戦国大名毛利家の英才教育 元就・隆元・輝元と妻たち——五條小枝子
戦国大名の兵粮事情——久保健一郎
戦国時代の足利将軍——山田康弘
足利将軍と御三家 吉良・石橋・渋川氏——谷口雄太
〈武家の王〉足利氏 戦国大名と足利的秩序——谷口雄太
室町将軍の御台所 日野康子・重子・富子——田端泰子
名前と権力の中世史 室町将軍の朝廷戦略——水野智之
摂関家の中世 藤原道長から豊臣秀吉まで——樋口健太郎
戦国貴族の生き残り戦略——岡野友彦
鉄砲と戦国合戦——宇田川武久
検証 長篠合戦——平山 優
織田信長と戦国の村 天下統一のための近江支配——深谷幸治
検証 本能寺の変——谷口克広
明智光秀の生涯——諏訪勝則
加藤清正 朝鮮侵略の実像——北島万次
落日の豊臣政権 秀吉の憂鬱、不穏な京都——河内将芳
豊臣秀頼——福田千鶴
天下人たちの文化戦略 科学の眼でみる桃山文化——北野信彦
イエズス会がみた「日本国王」 天皇・将軍・信長・秀吉——松本和也
海賊たちの中世——金谷匡人
アジアのなかの戦国大名 西国の群雄と経営戦略——鹿毛敏夫
琉球王国と戦国大名 島津侵入までの半世紀——黒嶋 敏
天下統一とシルバーラッシュ 銀と戦国の流通革命——本多博之

各冊一七〇〇円～二一〇〇円（いずれも税別）
▽残部僅少の書目も掲載してあります。品切の節はご容赦下さい。
▽品切書目の一部について、オンデマンド版の販売も開始しました。
詳しくは出版図書目録、または小社ホームページをご覧下さい。